Regina Hauser

Geh dich frei

W0187482

REGINA HAUSER

# GEH DICH
# FREI

## DEIN WEG
## ZUR SELBSTFINDUNG

GOLDEGG
VERLAG

Bildrechte Autorenfoto: Bibbie Friman
Bildrechte Umschlag: Alexandra Schepelmann/donaugrafik.at

Alle Rechte, insbesondere das Recht der Vervielfältigung und Verbreitung sowie der Übersetzung, vorbehalten. Kein Teil des Werks darf in irgendeiner Form
(durch Fotokopie, Mikrofilm oder ein anderes Verfahren) ohne schriftliche Ge-
nehmigung des Verlags reproduziert werden oder unter Verwendung elektro-
nischer Systeme gespeichert, verarbeitet, vervielfältigt oder verbreitet werden.

Die Autoren und der Verlag haben dieses Werk mit höchster Sorgfalt erstellt.
Dennoch ist eine Haftung des Verlags oder der Autoren ausgeschlossen. Die im
Buch wiedergegebenen Aussagen spiegeln die Meinung der Autoren wider und
müssen nicht zwingend mit den Ansichten des Verlags übereinstimmen.

Der Verlag und seine Autoren sind für Reaktionen, Hinweise oder Meinungen
dankbar. Bitte wenden Sie sich diesbezüglich an verlag@goldegg-verlag.com.

Der Goldegg Verlag achtet bei seinen Büchern und Magazinen auf nachhaltiges
Produzieren. Goldegg Bücher sind umweltfreundlich produziert und orientieren
sich in Materialien, Herstellungsorten, Arbeitsbedingungen und Produktions-
formen an den Bedürfnissen von Gesellschaft und Umwelt.

ISBN: 978-3-99060-174-7

© 2020 Goldegg Verlag GmbH
Friedrichstraße 191 • D-10117 Berlin
Telefon: +49 800 505 43 76-0

Goldegg Verlag GmbH, Österreich
Mommsengasse 4/2 • A-1040 Wien
Telefon: +43 1 505 43 76-0

E-Mail: office@goldegg-verlag.com
www.goldegg-verlag.com

Layout, Satz und Herstellung: Goldegg Verlag GmbH, Wien
Printed in the EU

# Inhaltsverzeichnis

## Wegmarken – eine persönliche
## Annäherung an die Autorin

Regina Hauser ist die Schöpferin der Methode *Geh Dich Frei* und die Gründerin des gleichnamigen Institutes. Ihr Weg bis dahin ist weniger gekennzeichnet von biografisch vorhersehbaren Meilensteinen als vielmehr von unerwarteten Wendungen. Es ist ein Weg, der zwischen unbekümmerter Leichtigkeit und leidvollen Erfahrungen changiert. Regina Hauser geht diesen Weg mit Vertrauen in das Leben.

Regina Hauser wächst in den 1970er Jahren auf einem Bauernhof im Mühlviertel als Einzelkind, aber inmitten einer Großfamilie auf. Am Bauernhof lernt sie das Kommen und Gehen, das Leben und Sterben, als selbstverständlichen Teil des Daseins kennen. Bodenständigkeit und Vertrauen in den Lauf der Natur nimmt sie mit auf ihren Lebensweg. Als ihr nach der Pflichtschule angeboten wird, eine Lehre als Kürschnerin zu machen, packt sie die Gelegenheit beim Schopf. Aus der Überschaubarkeit des Mühlviertler Dorfes zieht es sie in die Stadt. In Linz absolviert sie eine Lehre und genießt das Gefühl von Unbeschwertheit, Freiheit und Autonomie. Mit neunzehn Jahren wird sie schwanger. Ihrem Freund Willi Hauser ist es wichtig, dass sie als Mutter gut abgesichert ist, also beharrt er auf einer Hochzeit. Das junge Ehepaar zieht wieder nach Saxen ins Mühlviertel. Dort besitzen Reginas Eltern ein großes Haus, ein Teil davon wird wohnlich hergerichtet, der Rest wird vermietet.

Im Jahr 1986 kommt Tochter Laura und ein Jahr später Tochter Sandra zur Welt. Das Familienglück ist perfekt. Doch dann stirbt Ehemann Willi innerhalb einer Woche an einer Thrombose. Schock und Trauer lähmen Regina. Der Weg unter ihren Füßen hat sich unvermittelt zurückgezogen und sie fallen gelassen. Die Liebe zu und die Sorge um die Kinder sowie ihr Vertrauen in das Leben geben ihr die Kraft weiterzumachen. Existenzängste verspürt sie kaum, da sie dank Willis Umsicht finanziell abgesichert ist. Regina beginnt im Büro einer Tischlerei zu arbeiten. Der Chef ermöglicht es ihr, pünktlich zum Kindergartenbus zu Hause zu sein. Regina findet wieder Tritt, das Leben geht weiter.

Im Jahr 1995 bekommt sie ihre Tochter Marlene. Dass sie mit dem Vater nicht zusammenzieht, ist für Regina klar. Sie schätzt ihren autonomen Status und hat gelernt, dass sie allein gut zurechtkommt. Zumal sich der Vater von Marlene sehr über das Kind freut und einen Gutteil der Betreuung übernimmt.

Regina Hauser macht die Abendmatura und beginnt an der Pädagogischen Akademie zu studieren. Ihr Ziel ist es, Sonderschullehrerin werden. Der eingeschlagene Weg liegt klar vor ihren Augen – bis im Jahr 2001 ihre Tochter Sandra ermordet wird.

Die Umstände von Sandras Tod sind grausam und unbegreiflich. Wieder gibt der Boden unter Regina nach, sie stürzt kopfüber in die Tiefe, herabgestoßen von Trauer, Wut, Verzweiflung und Angst – aber auch von einer gefühllos agierenden Polizei und widerwärtigen Medienberichten.

Langsam, schmerzhaft und mit Rückschlägen findet Regina Hauser zurück auf ihren Weg. Sie sagt selbst, dass es ein entscheidendes Kriterium zur Rückeroberung des Lebens war, sich helfen zu lassen. Dankbar nimmt sie die Unterstützung an, die Freundinnen und Freunde, ihre Verwandten, Institutionen und fremde Menschen ihr angedeihen lassen. »Ich wusste intuitiv, dass hadern und gegen die Wirklichkeit kämpfen mich Energie kosten, mir den Blick nach vorne verstellen [würden] und ich keine Trauerarbeit machen könnte«, sagt Regina Hauser dazu.

Regina beginnt zu gehen. Sie geht, um auf andere Gedanken zu kommen, um im Kopf frei zu werden, die Natur in ihrer Widersprüchlichkeit und Schönheit wahrzunehmen. Sie geht zu sich selbst. Seminare bei *Walking In Your Shoes®*

bei Christian Assl in Berlin geben ihr Impulse dafür, wie und auf welche Weise das Gehen heilsam sein kann.

Im Jahr 2002 überschwemmt ein verheerendes Hochwasser das an der Donau gelegene Haus von Regina Hauser. Ihr Heim ist nicht zu retten, es wird von der Feuerwehr geräumt. Andenken und Erinnerungsstücke gehen unwiederbringlich verloren. Für Regina stellt dieser Verlust keine Tragödie mehr dar. Sie hat gelernt, dass nichts von Dauer ist, dass sie nichts halten oder planen kann. Sie geht ihren Weg weiter, anspruchslos und vertrauend, und findet mit den Kindern eine neue Bleibe.

Als Lehrerin sucht sich Regina Herausforderungen im schulischen Bereich, absolviert Zusatzausbildungen und erkennt nach einigen Jahren, dass es nicht der richtige Weg für sie ist. Sie hängt den Lehrberuf an den Nagel und widmet sich dem geistigen und seelischen Wachsen und Entfalten von suchenden Menschen.

Die Aussage Mathilde von Tusziens (1046–1115), »Es löst sich im Gehen«, wird zur Inspiration und zum Leitsatz für Regina Hauser. Sie erweitert und adaptiert, entwickelt und verändert das »Lernen im Gehen«. Sie entwickelt das Konzept für *Geh Dich Frei* und gründet im Jahr 2014 das namensgleiche Institut.

Diese Gründung ist zugleich Berufung, Aufgabe und Hingabe an die eigenen Fähigkeiten. Regina Hauser beschreitet damit ihren Herzensweg, der Leichtigkeit, Empathie, Kreativität und Spiritualität vermittelt.

Auf Wunsch ihrer Klientinnen und Klienten hat Regina Hauser die Methode *Geh dich frei* mit diesem Buch verschriftlicht und mit Beispielen und Handlungsanleitungen unterfüttert. Der Inhalt ist nicht nur die Offenlegung eines Konzepts, sondern spiegelt die positive Lebenssicht der Autorin, ihr Einverständnis mit dem Schicksal und ihren angstfreien Blick auf die Zukunft. Es ist eine Lebenseinstellung, die uns ermutigt, Ja zum guten Sein zu sagen und leichtfüßiger die Höhen und Tiefen des eigenen Lebensweges zu durchschreiten.

Wien, April 2018                    *Annemarie Obermüller*


> *Großes Geheimnis, bewahre mich davor,*
> *über einen anderen Menschen zu urteilen,*
> *bevor ich nicht in seinen Schuhen gegangen bin.*
> GEBET DER SIOUX


## Wage den Schritt!

Als ich im Januar 2014 das *Geh-Dich-Frei*-Institut gründete, blickte ich auf die Anfänge dieser Arbeit zurück. Augenblicklich tauchte ich in den großen Seminarraum in Berlin im Jahr 2009 ein. Ich war im letzten Abschnitt der *Walking-In-Your-Shoes®*-Ausbildung und zum Abschluss ging es um meine Berufung. Die Stellvertreterin für meine Berufung holte mich zu sich ins Feld. Ich hatte gerade erfahren, dass das Lehren und Weiterentwickeln dieser Technik meine Berufung sei, und befand mich in einem rauschartigen Zustand. »Ich soll das machen?«, fragte ich ungläubig. Ich fühlte mich außerstande und überfordert. Ich hörte beruhigende Worte, hörte, dass dies alles noch Zeit habe und ich mir keinen Druck machen solle.

Diese Aussage war für mich damals zu weit gegriffen und zu groß. Ich bewegte mich mit der Stellvertreterin für meine Berufung an meiner Seite im Kreis herum. Im Gehen machte ich eine berührende Erfahrung, ich fühlte, wie es sein würde, meine Berufung des Gehens zu leben. Ich war erfüllt von Dankbarkeit und ich fühlte mich frei wie ein Vogel. Tränen der Rührung liefen mir über das Gesicht und mein Kreislauf war in Wallung. Mir wurde vor Aufregung schwindelig, mein Körper zitterte. Ich konnte es nicht glauben, dass das Leben so ein Geschenk für mich bereithalten sollte, denn bis zu diesem Zeitpunkt war mein Leben von dramatischen Ereignissen und schweren Schicksalsschlägen durchzogen gewesen.

Den Schwindel und die Aufregung verspürte ich noch einige Tage. Aber zurück in Österreich, »vergaß« ich das Gehen und das Ergebnis schnell wieder. Ich hielt es für Zukunftsmusik und machte mich auf den Weg zurück in mein Alltagsleben.

Im Jahr 2014, sechs Jahre nach der berührenden Geh-Erfahrung in Berlin, blickte ich, nun 49 Jahre alt, in Dankbarkeit und Freiheit auf ein ereignisreiches und herausforderndes Leben zurück, das sich dankenswerterweise völlig zum Guten gewendet hat. Dieses neue Leben bestand aus meiner Arbeit als Sonderpädagogin, meinen Kindern, meiner Beziehung, netten Freunden und nun zusätzlich aus meiner Leidenschaft, dem Gehen. Es war perfekt!

Wie das Leben so spielt, war ich allerdings im Herbst an eine moderne Volksschule gewechselt, eine Grundschule für Kinder im Alter zwischen sechs und zehn Jahren. In dieser Schule wurde nach dem Ansatz des eigenverantwortlichen Arbeitens unterrichtet. Bei dieser Methode sollen die Kinder mit differenzierten Lernangeboten in ihrem Potenzial gefördert werden. Ich freute mich riesig, da diese Arbeitsweise meinem pädagogischen Ansatz entsprach. So war ich neugierig auf den neuen Job und wechselte gerne.

Ich unterrichtete eine 2. Klasse Volksschule und wurde sehr schnell desillusioniert. Die Kinder waren freie Arbeitsweisen nicht gewohnt. Sie wollten von mir wissen, mit welcher Farbe sie schreiben sollen, wie viele Zeilen es für eine sehr gute Bewertung bedürfe und so weiter. Ich merkte immer mehr, dass es für mich unmöglich war, Kindern vorzugeben, was sie zu tun haben – ich wollte mit ihnen entdecken, welche Talente in ihnen schlummern, um diese dann ins Bewusstsein der Kinder und Eltern zu bringen. Ihre Talente wollte ich weiter fördern und ihnen ermöglichen, sich als kompetent, klug und gut zu erfahren. Dies war mir jedoch als Teilzeitlehrerin in einem Team nicht möglich, und so beschloss ich nach drei Monaten, zu pausieren und eine unbezahlte Karenzzeit zu nehmen. Bei dieser Entscheidung hatte mich die Methode des Gehens unterstützt. Ein Gehen der Situation zeigte mir sehr genau, dass mein Ausstieg aus der Schule notwendig war.

Ich war schon immer viel gegangen, habe mich nach Schicksalsschlägen mit Wanderungen unter anderem in den Alpen, in Italien oder Wales wieder ins Gleichgewicht gebracht, aber rückblickend kann ich sagen, dass ich im Jahr 2010 begonnen habe, die Methode des Gehens zu leben. Ich hatte vorerst Bedenken, da ich durch meinen Schritt die vermeintliche Sicherheit eines festen Einkommens verließ. Die Zweiflerin in mir mahnte mich und viele Personen in meinem Umfeld waren von meinem Schritt irritiert. Als Lehrerin in unbezahlter Karenz ist man in Österreich dienstfreigestellt, erhält jedoch kein Einkommen. Ich hatte keinen Verdienst, aber laufende Lebenskosten. Das Gehen ergab, dass es schon klappen würde, meine Aufgabe dabei war zu vertrauen. Ich erinnere mich noch genau an meinen Schweißausbruch, als ich den Ausstieg aus dem sicheren Schulsystem ging. Ich erkannte im Gehen, dass ein Totalausstieg notwendig war und keine Teillösung.

Und so wagte ich den Schritt! Und ich wurde reichlich belohnt. Wie von selbst ergab sich eine erste Ausbildungsgruppe zur *Walking-In-Your-Shoes*®-Methode (*WIYS*) in Grein. Es gab dort schon seit längerer Zeit Übungsabende, so hatten viele Menschen Erfahrungen mit dem Gehen sammeln können. Freundinnen fragten nach ersten positiven Erfahrungen, ob sie das Gehen bei mir lernen könnten. Es gab Einzeltermine und Workshops. Mein Vertrauen in die Methode wuchs und umgekehrt bestärkte mich das Feedback der Teilnehmerinnen und ausgebildeten Geherinnen. Das Gehen zog in viele Leben ein. Ich lebe und lehre die Methode seit diesem Zeitpunkt.

Die Methode begleitet mich fast täglich, so habe ich eine Fülle von Erfahrungen gesammelt. Völlig unbewusst begann ich die Methode weiterzuentwickeln. Nach Jahren erfuhr ich von Absolventinnen, dass ich in Österreich mittlerweile etwas ganz Spezielles lehre. Vieles kam zusammen und formte etwas Neues: meine zahlreichen Aktivitäten, wie Ausbildungen und Workshops im Ausland, und mein didaktischer Ansatz, der Gruppen mit unterschiedlichen Ausbildungslevels, integriertes Einzeltraining in der Ausbildung, Übungen zur Schulung der Wahrnehmung und besondere Formen des Gehens für die Gruppen- und Geh-Meditationen einschloss. Dazu kam ein tieferes Eindringen in die Besonderheiten der Methode durch Supervision und vor allem meine tiefe Überzeugung, dass jede Person ihre eigene Form der Leitung und Anwendung der Methode entwickeln sollte. Die Erkenntnis, dass ich die *WIYS*-Methode verändert und weiterentwickelt hatte, machte es notwendig, auf Namenssuche zu gehen. Ich ging mich frei und nannte meine Methode *Geh Dich Frei – gefühlte Wege der Erkenntnis.*

Bald kamen von überall her Nachfragen, wann es denn das Buch zur Methode gäbe. Zu Beginn überhörte ich diese Stimmen, da mich die Vorstellung, ein Buch zu schreiben, überforderte. Zu dieser Zeit fuhr ich viele Male im Jahr nach Pietrasanta (ital. »heiliger Stein«) in der italienischen Toskana. Ich kam an diesem Ort bei mir und in mir an – es war eine Heimkehr. In Pietrasanta begann ich im Oktober 2014, die ersten Kapitel dieses Buches zu verfassen, und indem ich einfach nur einzelne Kapitel schrieb, fühlte ich auch keine Überforderung mehr. Ich merkte, dass ich in einen Schreib-

Flow kam. Ich schrieb in den Cafés an der Piazza Duomo, einem wunderbaren alten Platz mit viel Marmor und moderner Kunst. In Österreich kam ich dagegen kaum zum Schreiben, denn dort nahmen mich der Alltag, meine Seminare und Ausbildungen und vieles mehr ein. Ich sammelte jedoch Kapitelüberschriften und Praxisfälle und kam immer wieder zurück nach Pietrasanta in das Bed and Breakfast von Silvia und schrieb. Ich tauchte ein in die zeitlose Energie des schönen Platzes, lauschte der Muse und konnte schreiben, es ging wie von selbst. Eine Struktur begann sich zu formen.

Im Frühling 2015 lernte ich eine Künstlerin aus Schweden und ihren Mann kennen. Inger und Magnus suchten eine Hüterin für ihr Haus in Pietrasanta, für die Zeiträume, in denen sie in Schweden waren – das war perfekt für mein Schreibvorhaben. Ich durfte von da an während ihrer Abwesenheit ihr Haus bewohnen und dort schreiben. Im Sommer 2015 war ich acht Wochen in Italien und stellte das Buch weitestgehend fertig. Es entstand zum größten Teil auf der wunderschönen Piazza, im Café Michelangelo, in der Bar Pietrasantese und auf den Marmorstiegen vor dem Duomo. Es war, als würde sich das Buch von selbst schreiben. Dann folgte eine Pause, die Essenz war da, es fehlte jedoch der Feinschliff. Ich machte mich auf die Suche nach einer Lektorin und fand sie in Berlin. Frau Bührmann brachte die notwendige Struktur ins Buch und gab professionelle Anregungen.

Ich erkläre in diesem Buch meinen Zugang zu *Geh Dich Frei – gefühlte Wege der Erkenntnis* und gewähre einen möglichst umfassenden Einblick in die Methode. Das Buch richtet sich an Laien wie Fachleute gleichermaßen und dient dem Kennenlernen der Technik und dem Nachschärfen des geübten Gehers. Ich zeige dir die unglaublich vielfältigen Möglichkeiten dieser Methode auf und freue mich, dich in die Magie des Gehens einführen zu dürfen. Gleichzeitig ist es mir wichtig, auf die Grenzen der Anwendung hinzuweisen.

Das Buch kann jedoch nicht die praktische Erfahrung

des Gehens ersetzen, da Worte niemals ausreichen, um die Dimensionen einer Erfahrung zu beschreiben. Wenn dich das Gehen anspricht oder wie mich fasziniert, dann empfehle ich, einen Workshop zu besuchen, da das Lesen des Buches nicht die Basisausbildung ersetzen kann. Die praktische Anwendung des Gehens obliegt *Geh-Dich-Frei*-zertifizierten Personen, da diese mit den Möglichkeiten und den Grenzen der Methode bestens vertraut sind. Allerdings bietet das Buch mit zahlreichen Praxisbeispielen die Möglichkeit, mehr Einsicht in den Ablauf des Gehens zu bringen. Auf meiner Website kannst du zusätzlich kostenlos Geh-Meditationen runterladen und damit selbst einen Geh-Versuch starten.

Es wäre mir eine große Freude, wenn die Magie des Gehens auch dein Leben bereichern kann – meines hat es komplett zum Positiven verändert. Ich lade dich daher nun herzlich ein, mit mir in die Welt des Gehens einzutauchen und neue Einsichten zu gewinnen. Vielleicht entdeckst du ungeahnte Möglichkeiten für dich und *gehst dich frei*.

*Regina Hauser*

# Die Möglichkeiten des Gehens

Stell dir vor, du bist das erste Mal bei einem Erlebnisabend von *Geh Dich Frei*. Nach einer kurzen Einführung und Erklärung der Methode kommt es zum praktischen Teil des Abends. Du wirst als erste Person ausgewählt, die Herzenssehnsucht einer anderen, dir völlig fremden Person zu gehen. Du steigst in die Rolle ein und beginnst dich zu bewegen. Du empfindest augenblicklich eine unglaubliche Enge im Brustbereich, du schwitzt an Stellen, an denen du noch nie Schweißbildung hattest. Dein Knie sticht, dein Herz rast. Du willst den Kreis verlassen und tust es auch, du stellst dich in eine Ecke des Raumes und augenblicklich fühlst du dich besser. Du hast das Gefühl, eine Pause zu brauchen. Du willst dein Leben aus einer anderen, völlig neuen Perspektive betrachten. Nach einer Zeit versuchst du, den Kreis wieder zu betreten, und alles, die Beengung, das Schwitzen, beginnt von vorne. Du weißt, es war zu früh.

So kann sich die Praxis anfühlen. Du hast eine Erfahrung mit dem *wissenden Feld* (mehr dazu im Kapitel »Warum das Gehen funktioniert«) gemacht, auch wenn es für unseren Verstand keine rationale Erklärung für dieses Phänomen gibt. *Geh Dich Frei* ist eine Methode zur Selbsterfahrung, die uns ermöglicht, alle im Leben vorkommenden Themen und Bereiche zu erfahren – das betrifft sowohl das private als auch das berufliche Leben. Und so können alle menschlichen Belange *gegangen* werden.

Hier sind einige Beispiele für das Gehen im persönlichen Bereich, wobei es natürlich zahlreiche weitere Anwendungsmöglichkeiten gibt: Die eigene Firma, verschiedenste Projekte, ein Laden, eine Veranstaltung, eine Entscheidung, ein Seminar und vieles mehr können gegangen werden. Wir gingen schon anonyme Anrufe, Ameisenplagen, Haustiere, homöopathische Mittel und Hauskäufe und -verkäufe oder so zentrale Themen wie Berufung, Lebensaufgabe und Bestimmung, neue Jobs, die persönlichen Finanzen und in Planung befindliche Reisen oder Unternehmungen. Wir gingen astrologische Konstellationen, Planeten, Engelwesen, vergangene Leben, das eigene Krafttier, Karten, Archetypen, Botschaften von Kraftplätzen, von Bäumen, Verstand und Herz, die Sehnsucht des Herzens, den persönlichen Weg, Vertrauen, Freude, Glück, Frieden, Mut, Lebenskraft, Sicherheit, Liebe, das Selbst und vieles mehr. Letztendlich können alle Qualitäten gegangen werden.

Auch kollektive Themen können gegangen werden, um allgemeine Zusammenhänge zu erkennen. Hier sind Einsichten in tiefere Beweggründe von weltweitem Geschehen möglich. Es ist beim Gehen nicht möglich zu manipulieren – die Dinge zeigen sich so, wie sie sind. Es kann zu Erkenntnissen kommen, die die persönliche Perspektive verändert. Das Gehen von kollektiven Themen ist für alle Beteiligten beeindruckend und kraftvoll. Kollektive Themen betreffen beispielsweise die österreichischen Bundesländer, Städte, das Schulsystem oder die Transformation der Kirche, den Zustand der Meere, die Energie unterschiedlicher Bäume, das Waldsterben, allgemeine Botschaften von weitverbreiteten Krankheiten usw. Der Vorstellungskraft sind keine Grenzen gesetzt.

Zum Einstieg ins Gehen möchte ich zunächst einige Fallbeispiele vorstellen. Mit diesen Fällen möchte ich dir, liebe Leserin, lieber Leser, die Chance geben, einen praktischen

Einblick in die Methode zu bekommen. Bei allen Fällen wurden reale durch fiktive Namen ersetzt. Während einige Fälle den gesamten Prozess des Gehens abbilden, sind bei anderen nur Sequenzen des Gehens, die die Methode besser verständlich machen, beschrieben. Die Praxisfälle wurden zur besseren Lesbarkeit von mir in eine standardisierte Form gebracht und um kurze Schlussfolgerungen ergänzt. Ich beschränke mich dabei auf knappe Interpretationen, da die Auslegung des Prozesses einzig und allein der Themenstellerin zukommt.

In der Praxis liegen viele Einsichten auf verschiedenen Ebenen vor. Es kann deshalb auch sein, dass dein Eindruck von den Praxisfällen, liebe Leserin, lieber Leser, sich von dem jeweiligen Kommentar unterscheidet. Jeder Mensch ist durch die eigene Geschichte und die eigenen Erfahrungen geprägt. Es kann also sein, dass du durch die Praxisfälle aufgrund deiner Lebensgeschichte neue, bislang nicht erwähnte Erkenntnisse hast.

---

**Fallbeispiel 1: Der Raum**

Thema: Ein Mann hat ein dauerhaftes Unwohlsein in sich.

Klient: Hans, 55 Jahre alt

Setting: Das Gehen findet im Rahmen einer Ausbildungsgruppe statt.

Rolle: Das Unwohlsein von Hans

Stellvertretung: Hans möchte die Rolle nicht selbst gehen und sucht sich für die Rolle des Unwohlseins einen männlichen Stellvertreter aus.

Leitung: Regina Hauser

Prozess des Gehens: Dieser Fall wird lösungsorientiert gegangen.

---

Quelle: Dieser Fall stammt aus meiner eigenen Praxis.

*Der Stellvertreter steigt mit einem Schritt in die Rolle ein und spricht: »Ich bin jetzt das Unwohlsein von Hans.« Er geht im raschen Tempo, tritt kräftig auf.*

*Stellvertreter: »Ich spüre unglaublich viel Wut, Zorn, Aggression und Ungeduld.« Auf die Frage der Leitung, wo im Körper diese Emotionen sitzen, schnauft er laut und sagt: »Überall!« Er geht im schnellen Tempo weiter.*

*Der Raum ist gefüllt mit oben genannten Emotionen, alle Teilnehmer spüren sie.*

*Bevor ich weiter fragen kann, sagt der Stellvertreter: »Mir ist so heiß.« Im nächsten Augenblick fällt er mit einem Krach zu Boden. Ich vergewissere mich, dass der Gehende wohlauf ist. Dem Stellvertreter ist nichts passiert.*

*Er atmet sehr laut und sagt: »In mir brodelt es!«*

*Leitung: »Wo im Körper spürst du das Brodeln?« Statt einer Antwort legt er die Hand auf den Solarplexus (eine Körperstelle oberhalb des Nabels) und atmet laut mit offenem Mund. Kurz darauf lässt er einen kräftigen Schrei los.*

*Nach einer kurzen Zeit sagt der Stellvertreter: »Jetzt ist es besser.« Er bleibt liegen und es wird spürbar ruhiger im Raum. Er atmet leise und hat die Augen geschlossen.*

*Nach fünf Minuten steht er auf und verlässt den Sesselkreis – er sagt: »Ich möchte nur sein dürfen.«*

*Der Stellvertreter geht außerhalb des Kreises herum und spricht weiter:*

»Ich möchte ich sein.«

»Ich möchte nicht machen, was andere wollen.«

»Ich möchte die Sau rauslassen.«

»Ich möchte nicht machen und sagen, was man von mir erwartet.«

»Ich möchte wild sein und nicht der Brave.“

*Er setzt sich außerhalb des Kreises auf den Boden und sagt:* »Ich möchte jetzt sitzen bleiben dürfen.« *Sitzend erklärt er:* »Ich brauche einen Platz, wo ich hingehen kann, einen Ort für mich, wo ich ich sein kann, wo ich mich zurückziehen kann. Dort darf ich selbstständig sein. Einen Platz, wo ich wieder zu mir finde. Ein Nest, in dem ich jeden Tag sein darf. Ich mag unbedingt täglich für mich sein.«

*Auf die Frage, ob es so einen Platz bereits gäbe, antwortet er klar mit:* »Nein, aber bald.«

*Ich frage, wie lange er an diesem Platz sein müsse. Er meint dazu:* »Voraussichtlich jeden Tag – die Länge und den Rhythmus bestimme ich selbst. Ich komme in meinem Tempo wieder raus. Der Rückzug ist so wichtig.«

*Ich frage, ob denn der Ort, wo er jetzt sitzt, bereits der Ort des Rückzugs sei. Er bejaht und lächelt von außen in die Runde. Er sagt:* »Wenn ich da bin, ist alles gut. Ich bin glücklich.«

*Ich frage den Gehenden, ob er noch wichtige Hinweise oder Eindrücke hat, die mitteilenswert sind. Er verneint und sagt:* »Es ist so unglaublich gut, hier bleibe ich.«

*An dieser Stelle gehe ich nach Absprache mit Hans zu dem Stellvertreter. Hans setzt sich zu ihm. Ruhe und Stille im Raum.*

*Nach einigen Minuten beende ich die Situation. Der Stellvertreter steigt aus der Rolle, indem er einen Schritt macht und seinen eigenen Namen laut ausspricht: »Ich bin wieder Martin Huber.« Hans bleibt noch etwas auf seinem »Rückzugsplatz« sitzen.*

Feedback des Klienten: Hans ist in Kontakt mit dem Platz und mit sich. Er erzählt, dass er sehr oft in den Wald gehe, um für sich zu sein. Sich den eigenen Raum im Leben zu nehmen, sei ihm immer schwergefallen. Er freue sich aber nach dieser Erfahrung auf seinen privaten Raum, den er bald für sich in Anspruch nehmen wolle.

Fazit: Dieses Gehen war sehr kraftvoll und emotional. Es bedurfte einer konzentrierten Präsenz der Leitung. Mein Anliegen war es, Hans eine Erfahrung mit dem Verweilen im »Rückzugsplatz« zu ermöglichen.

---

**Fallbeispiel 2: Der vierundzwanzigjährige Sohn**

Thema: Markus, der Sohn der Fragestellerin, betreibt Alkoholmissbrauch, raucht regelmäßig (täglich) große Mengen Cannabis und hat den Kontakt zu mir abgebrochen.

Themenklärung: Die Leiterin (Regina Hauser) erinnert die Klientin, dass sie nur die Mutter-Sohn-Beziehung gehen könne, alles andere sei die Angelegenheit ihres erwachsenen Sohnes und liege nicht im Verantwortungsbereich der Mutter.

Klientin: Romana, die Mutter von Markus, ist Ausbildungsteilnehmerin in Wien.

Setting: Das Gehen findet im Rahmen einer Ausbildungsgruppe statt.

Rollen: Romana (Mutter), Markus (Sohn), Gewissen

Stellvertretung: Stellvertreter und Stellvertreterinnen für alle Rollen, denn Romana möchte die Rolle nicht selbst gehen, sondern die Gelegenheit nutzen, um von außen auf die Beziehung zwischen ihr und ihrem Sohn zu schauen.

Leitung: Regina Hauser

Der Prozess des Gehens: Es wird prozessorientiert gegangen.

Quelle: Dieser Fall stammt aus der Abschlussarbeit von Romana, einer Geh-Dich-Frei-Praktizierenden. Ich danke Romana, dass sie ihn zur Verfügung gestellt hat.

*Die Mutter kann ihr Kind nicht ansehen, sie empfindet große Schuld. Der Sohn meint, er sei allein, er könne die Mutter nicht wahrnehmen und alles sei so dumpf.*

*Es stellt sich heraus, dass es sich um die Zeit der Schwangerschaft handelt. Das Kind befindet sich nach seiner Wahrnehmung im Bauch der Mutter. (Die Klientin wurde zu Beginn der Schwangerschaft vom Vater des Kindes überraschend verlassen.)*

*Zur Unterstützung von Markus soll sich der Stellvertreter vorstellen, dass die geheilte männliche Ahnenlinie hinter ihm steht. Mutter und Kind können sich nun ansehen. Sie sprechen beide davon, dass sie sich jetzt gesehen fühlen.*

*Zu diesem Zeitpunkt kommt eine weitere Person ins Feld, und zwar als Gewissen. Sie fragt Markus: »Wo bleibt dein Gewissen für dich? Wozu lebst du? Hast du ganz vergessen, warum du auf diese Welt gekommen bist?« Markus fühlt sich das erste Mal richtig berührt.*

*An dieser Stelle wurde beendet, da wir keinen Auftrag hatten, mit Markus weiter zu arbeiten, und die Fragestellung der Mutter geklärt war.*

Fazit: Mutter und Sohn können sich gegenüberstehen und ohne Zwist ansehen. Es ist spürbar Frieden im Raum.

Feedback und Reflexion der Klientin, nachdem einige Zeit vergangen ist: Mein Sohn ist nach dem Gehen relativ bald aus seinem gelebten Suchtverhalten ausgestiegen. Der Zustand hält bereits ein halbes Jahr an. Wir stehen wieder in gutem Kontakt miteinander. Das Ende des Gehens war prozessorientiert und der Prozess nahm seinen Lauf. Durch die Arbeit kam viel Unbewusstes und Verdrängtes an die Oberfläche und damit ins Bewusstsein. Es folgten Veränderungen.

Analyse der Körperbewusstseinsebenen: Die Themenstellung war bei der Mutter stark emotional geprägt. Diese Ebene war im Vordergrund. Die Antworten im Gehen kamen deutlich über die physische Ebene und über die fehlende emotionale Ebene. Erst zum Schluss konnte eine Emotion des Sich-Wohlfühlens wahrgenommen werden. Die abschließenden Fragen des Gewissens an den Stellvertreter erfolgten auf der mentalen Ebene.

## Fallbeispiel 3: Der Tinnitus

Thema: Die Erkrankung »Tinnitus«

Klient: Das Gehen steht nicht in Bezug zu einer speziellen Person, es ist ein kollektives Gehen – es wird allgemein das Symptom »Tinnitus« gegangen.

Setting: Dieses Gehen findet im Rahmen einer Ausbildungsgruppe statt.

Rolle: Die Erkrankung »Tinnitus«

Stellvertreterin: Eine Teilnehmerin geht den Tinnitus aus Interesse.

Leitung: Regina Hauser

Prozess des Gehens: Es wird lösungsorientiert gegangen.

Quelle: Dieser Fall stammt aus meiner eigenen Praxis.

*Die Stellvertreterin steigt mit einem Schritt in die Rolle ein, indem sie laut spricht: »Ich bin das Symptom ›Tinnitus‹.« Sie geht unsicher und leicht torkelnd im Kreis herum.*

*Nach einiger Zeit fragt die Leitung: »Was kannst du aus deinem Körpererleben berichten?«*

*Tinnitus: »Ich bin im Ungleichgewicht und mir ist schwindelig.« Der Tinnitus wackelt und dreht sich orientierungslos.*

*Leitung: »Wo im Körper kannst du den Schwindel wahrnehmen?«*

*Tinnitus: »Interessanterweise in den Beinen.«*

*Leitung: »Wie groß ist dein Sichtfeld?«*

*Tinnitus antwortet schnell: »Sehr begrenzt, nicht bis zu den Menschen, die hier im Raum sitzen. Ich will nicht, dass die etwas von mir wollen. Das wäre für mich eine zu große Herausforderung.« Die Stellvertreterin für den Tinnitus hält die Hände in Richtung der Personen im Raum abwehrend von sich gestreckt.*

*Der Tinnitus streicht sich mit den Händen über den Körper und sagt schaudernd: »Mir ist kalt, es laufen ständig Schauer über meinen Körper.«*

*Leitung: »Hast du einen Wunsch?«*

*Tinnitus: »Ja, stehen bleiben. Ruhe, mich erden.« Der Tinnitus steht breitbeinig mit geschlossenen Augen in der Kreismitte und hat die Hände verschränkt.*

*Leitung: »Wie geht es dir jetzt?«*

*Tinnitus: »So geht's gut. Ja, wenn ich so dastehe, breitbeinig und verwurzelt. Ich halte mich selbst. Mir geht es so sehr, sehr gut.«*

*An dieser Stelle wird das Gehen beendet.*

Fazit: Dies ist eine allgemeine Aussage zum Symptom »Tinnitus«. Die Stellvertreterin war erstaunt über die Klarheit und die Intensität des Gehens. Dieses Gehen zeigt sehr augenscheinlich und nachdrücklich auf, dass das Symptom »Tinnitus« den Menschen zur Ruhe und zum Innehalten bringen will. So kann es auch zur Heilung kommen.

# Das Erfolgsgeheimnis von »Geh dich frei«

Dr Joe Dispenza, Deepak Chopra, Eva Maria Zurhorst und Bruce Lipton sind nur einige der vielen Menschen, deren Kernaussagen über die Bedeutsamkeit der inneren Arbeit sich decken. Die innere Einkehr führt zu einem messbar besseren Leben bis hin zur Heilung von schweren Erkrankungen. Wissen ist meist genug vorhanden, doch was uns prägt, sind Erfahrungen. Im wissenden Feld erfahren wir uns ganzheitlich – Körper, Geist und Seele. Das führt unweigerlich zu Veränderungen.

## Das wissende Feld

Wer das erste Mal beim Gehen dabei ist, staunt oft darüber, dass er sich dem Geschehen gefühlsmäßig nicht entziehen kann. Man wird von dem Geschehen beim Gehen berührt, ob man will oder nicht. Dieses Faktum wirft viele Fragen auf.

Das Gehen nutzt wie das Familienaufstellen das *wissende Feld*. Dieser Begriff wurde vom Arzt, Psychoanalytiker, Systemaufsteller und Autor Dr. Albrecht Mahr in seinem Buch *Konfliktfelder – Wissende Felder* eingeführt. Er bezeichnet das Feld beim Familienstellen als *geistig-energetisches Heilungsfeld* und nennt es *wissendes Feld*. Dieses *wis-*

*sende Feld* ist Dr. Mahr zufolge einerseits ein psychothera-peutisches Heilungsfeld und andererseits ein Feld universellen Wissens. Es steht uns allen stets zur Verfügung. Durch das Gehen im wissenden Feld bekommen die Gehenden Zugang zu einem ständig präsenten Wissen, das sie ob seiner umfassenden Exaktheit immer wieder in Staunen versetzt.

Dieses unsichtbare Feld der Weisheit und des Wissens wird auch *morphogenetisches Feld* oder *morphisches Feld* genannt. Marja de Vries beschreibt es in ihrem Buch *Nur der ganze Elefant ist die Wahrheit* als ein *Bewusstseinsfeld*. Führende Neurologen sind zu dem Schluss gekommen, dass unser Gehirn und unser Bewusstsein zwei verschiedene Dinge sind. Das Bewusstsein sei eindeutig nicht ausschließlich im Gehirn zu finden, sagt der Gehirnforscher und No-belpreisträger Karl Pribram. Er kommt aufgrund umfangreicher Forschungen zu dem Schluss, dass sogar unsere Erinnerungen nicht in unserem Gehirn, sondern als holografische Information in einem universellen Bewusstseinsfeld gespeichert werden. Das bedeutet, dass unser Gehirn in Wirklichkeit gar nicht der Speicherort ist, sondern nur der Ort, an dem diese Information empfangen und verarbeitet wird. Das weist darauf hin, dass unser Bewusstsein es uns ermöglicht, die Grenzen der physischen Realität zu überwinden und jenseits der Welt von Raum und Zeit mit dem allgegenwärtigen Informationsfeld in Verbindung zu treten.

Die Bewusstseinsforschung des transpersonalen Psychologen Stanislaf Grof bestätigt, dass es bei transpersonalen Erfahrungen möglich ist, über die üblichen Begrenzungen durch Körper, Ego, Raum und lineare Zeit hinauszugelangen. Diese Erfahrungen können uns mit dem kollektiven Bewusstsein und mit völlig neuer Information in Kontakt bringen, die alles übertrifft, was wir auf dem uns bekannten Weg erfahren haben.

Seit Kurzem bildet sich bei einer wachsenden Gruppe von Wissenschaftlern zudem die radikale Einsicht heraus, dass Bewusstsein nicht nur alles durchdringt, sondern dass es auch allem zugrunde liegt. Statt davon auszugehen, dass die Materie die Grundlage für die Entstehung von Bewusstsein bildet – was lange die geltende Ansicht war, hält eine Reihe von Wissenschaftlerinnen es nun für möglich, dass Bewusstsein seit jeher existiert und Leben und Materie aus Bewusstsein entstehen.[1]

Nach dreißigjähriger Forschung zur Beschaffenheit von Bewusstsein kam auch der britische Physiker, Mathematiker, Philosoph und Schriftsteller Peter Russell zu dem Schluss, dass Bewusstsein nicht aus Materie entsteht, sondern umgekehrt. Bewusstsein liegt allem zugrunde und Materie geht aus Bewusstsein hervor. »Solange die westliche Welt die Vorstellung nicht akzeptieren kann, dass Bewusstsein primär ist, steckt sie in einem Irrgarten endloser Wiederholungen fest«, formulierte der Biochemiker Herbert G. Liebherz im Jahr 1997.

Insbesondere der englische Biologe und Buchautor Rupert Sheldrake hat viele Veröffentlichungen zu den morphischen oder auch morphogenetischen Feldern getätigt. Es folgt ein zu dieser Thematik passendes Zitat Sheldrakes:

»*Ich behaupte, dass morphische Felder sozialer Gruppen die Bewegungen und Aktivitäten der einzelnen Lebewesen koordinieren, ganz gleich, ob es sich dabei um Termiten handelt, die einen Hügel bauen, um Fische, die in Schwärmen schwimmen, [...] Menschenmassen, Fußballmannschaften oder Familiengruppen. Die sozialen Felder verbinden die Mitglieder der Gruppe miteinander und ermöglichen Kommunikationsformen, die über die normalen Sinne hinausgehen. Diese morphischen Felder sozialer Gruppen stellen die evolutionäre Basis der Telepathie dar.*«[2]

Praktisch ist dieses Feld für jeden zu erfahren, und wie Marja de Vries in ihrem Buch beschreibt, sind Zeit und Raum beim Gehen nicht relevant. Es ist immer alles für uns abrufbar und veränderbar.

Alle meine praktischen Erfahrungen in dem Feld resultieren aus meinen eigenen Geh-Erfahrungen. Beim Gehen betreten wir das wissende bzw. morphische Feld. Dieses Feld ist mit allen uns als Menschen wahrnehmbaren Informationen aufgeladen. Das heißt: Wenn ich mich in das Feld begebe, bekomme ich Zugang zu Informationen, die weit über meine Denkmöglichkeiten hinausgehen. Es sind Informationen, die es Menschen ermöglichen, sich selbst besser zu verstehen, sich selbst nahezukommen und dadurch zu erwachen. *Zu erwachen* bedeutet für mich, sich zu einem bewussten Menschen zu entwickeln.

## Das Familienstellen und das wissende Feld

Das Familienstellen hat einiges mit dem Gehen gemeinsam – das betrifft vor allem die Nutzung des wissenden Feldes, um Erkenntnisse über die Klienten oder das Familiensystem zu erlangen. Die Arbeit mit Stellvertretern haben die beiden Methoden ebenfalls gemein. In diesem Kapitel wird das Familienstellen näher beschrieben und vom Gehen abgegrenzt.

Familiensysteme sind soziale Gefüge. Sie bestehen aus einzelnen Menschen, die sich wechselseitig beeinflussen und zur Erhaltung des Systems nach Ausgleich streben. Systemisch unterscheidet man zwei Teilsysteme: die Herkunftsfamilie, dazu gehören wir, unsere Geschwister, die Eltern, Großeltern, Urgroßeltern usw., und die Hinkunftsfamilie, zu der unsere Ehepartner und die daraus hervorgehenden Kinder und Enkelkinder zählen. Als Teil eines sozialen Systems dienen wir unserem Familiensystem. Dies geschieht unbewusst und orts- und zeitunabhängig.

In einer Familienaufstellung stellt die Klientin die wichtigsten Personen oder Elemente im Raum auf. Dabei wird ein inneres Bild ihrer Familie sichtbar. Die realen Personen werden durch fremde Personen stellvertretend aufgestellt. Die Stellung der Stellvertreter zueinander, ihre Blicke, Nähe und Distanz usw. verdeutlichen die systemischen Beziehungen in der Familie. Familienaufstellungen zeigen versteckte Informationen über Konfliktpotenzial und spiegeln das Beziehungsgeflecht Familie optimal wider.

Das Ziel von Familienaufstellungen ist zum einen, die familiäre Verstrickung zu erkennen, die zum definierten Problem geführt hat. Zum anderen sollen gestörte Beziehungen so weit verändert werden, dass Frieden im System entsteht, d.h., ein Ausgleich zwischen Geben und Nehmen gegeben ist. Außerdem soll jedes Familienmitglied seinen Platz einnehmen dürfen und somit im System gesehen und anerkannt werden.

## Unterschiede zwischen dem Gehen und dem Familienstellen

Das Familienstellen verfolgt einen anderen Ansatz als das Gehen. Es gibt vor allem folgende große Unterschiede:
- Gehen befasst sich ausschließlich mit dem Anliegen der fragenden Person und stellt keinen Bezug zum Familiensystem her.
- Gehen bringt Dynamik ins innere und äußere Leben.
- Gehen ist grundsätzlich nach vorne, in die Zukunft, ausgerichtet.

- Gehen beginnt immer im Jetzt, nicht in der Vergangenheit.
- Gehen ist in Einzel- und in Gruppenarbeit möglich.

Beim Gehen richte ich also den Fokus auf die unterschiedlichen Aspekte von mir. Ich lasse das Familiensystem außen vor. Gehen ist vom energetischen Erleben viel »leichter«, dies gilt auch für die Leitung von Geh-Prozessen. Das kommt daher, dass ich nur für eine Person gehe. Ich habe nicht die Energien eines ganzen Familiensystems im Raum.

Ich schätze den Ansatz des Familienstellens sehr und weiß um seine Wichtigkeit und große Heilkraft. Wenn ich im Gehen systemische Verstrickungen erkenne, weise ich die Menschen darauf hin und sende sie zu mir bekannten Familienstellerinnen. Beide Methoden haben für mich völlig unterschiedliche Dynamiken und so ergänzen sie sich, denn zu unterschiedlichen Lebenssituationen passen unterschiedliche Ansätze.

Beiden Methoden ist gleich, wie oben bereits angedeutet, dass man bewusst das wissende Feld betritt und dadurch Antworten erhält. Gleich ist auch, dass man beim Gehen Stellvertreterinnen verwenden kann, wobei man es nicht muss. Daher lassen sich beide Ansätze wunderbar kombinieren, dies machen auch einige von mir ausgebildete *Geh-Dich-Frei*-Praktizierende mit großer Begeisterung. Für mich erscheint es auch hier wichtig zu sein, das für die Klienten transparent zu machen. Sie sollten wissen, was sie kaufen. Wenn ich Familienstellen buche, möchte ich dieses bekommen. Wenn ich eine Kombination buche, dann erwarte ich diese auch zu bekommen.

## Das menschliche Bewusstsein

Sigmund Freud zufolge wird unser Handeln und Befinden von den achtzig Prozent der uns unbewussten und vorbewussten Dinge gesteuert. Beim Gehen wird der für das Thema notwendige unbewusste oder vorbewusste Aspekt sichtbar, erfahrbar, verstehbar und damit nutzbar gemacht. Er wird dadurch ins Bewusstsein gebracht und steuert nicht mehr im Unterbewusstsein. Es wird eine bewusste Verbindung von den bewussten zu den unbewussten Hintergründen der Thematik geschaffen. Es folgt eine neue und umfassendere Sichtweise auf das Thema. Beim Gehen erlernen und üben wir, das Unbewusste durch das Gehen von Entscheidungen und Herausforderungen in unseren Prozess einzubeziehen und damit nutzbar zu machen.

Das Gehen ist also eine körperorientierte Form des Coachings in Bewegung. Die Hintergründe einer Thematik werden schnell und einfach sichtbar gemacht. Bewusstsein über ein neues und umfassendes Hintergrundwissen ermöglicht neue Wege. Das Gehen ist für mich ob seiner Schnelligkeit, Klarheit und Einfachheit eine moderne Methode.

Das Gehen ist auch ein wunderbares Training der Empathie. Sobald eine Geherin in eine Rolle steigt und sich im wissenden Feld bewegt, macht sie eine empathische Erfahrung. Sie durchlebt mit allen Sinnen den Umstand, die Hintergründe und die Lösung des zu gehenden Themas. Diese empathische Erfahrung macht Menschen friedvoller und urteilsfreier. Sie hören auf, andere Menschen lediglich aus der eigenen Perspektive zu bewerten, und beginnen ganzheitlicher zu denken und zu leben.

# Die Geschichte
# des Gehens

Bei der Arbeit an diesem Buch kam ich immer mehr zu der Erkenntnis, dass das Verb *gehen* in unserem Sprachgebrauch stark verankert ist. Durch das Wort werden vor allem emotionale und körperliche Befindlichkeiten und Prozesse ausgedrückt. Ist die Arbeit weitergegangen? Bist du hingegangen? Fühlst du dich übergangen? Ist er oder sie fremdgegangen? Geht es dir gut? Wie geht es deinem Bein, heilt es? Was geht dich das an? Geh schon! Du musst weitergehen! Ich gehe ein. Ein Bittgang, ein Gang nach Canossa, ein Kreuzgang, in Auszeit gehen, in Karenz gehen, in Pension gehen, mein Untergang, dein Werdegang.

## Das Gehen in der Vergangenheit

In früheren Zeiten war das Gehen die wichtigste Fortbewegungsart. Heute gibt es immer mehr Menschen, die eine Auszeit nehmen und Pilgerwege gehen. Sie wollen sich selbst durch das Gehen eines Pilgerweges näherkommen, erkennen, was im Leben fehlt oder wo ihre Reise hingeht. Sie wollen eine Zwischenbilanz ziehen, mit der Möglichkeit auf neue Wege. Jede Form des Gehens ist heute eine beliebte Freizeitbeschäftigung.

Die Methode *Geh Dich Frei* hat ihre Wurzeln in unterschiedlichen Traditionen. Die griechischen Philosophen gingen, um ihren Gedankenfluss in Gang zu bringen. In zahlreichen Mythen und Märchen aus der ganzen Welt *gehen* Heldinnen und Helden auf die Suche nach einem Schatz oder nach Weisheit oder sie machen sich auf den Weg, um sogenannte Weise zu befragen. Der Weg dorthin ist oft mit Abenteuern verbunden und lehrreich für die Fragenden. Schon bevor sie ihr Ziel erreichen, können sie neue Einsichten gewinnen.

Weise Menschen haben das rituelle Gehen in der Natur, zu bestimmten Mondständen oder auf Kraftplätzen schon lange als Möglichkeit genutzt, Antworten zu finden. Ganz zufällig bin ich über die Lebensgeschichte der Markgräfin Mathilde von Tuszien (1046–1115), auch Mathilde von Canossa genannt, gestolpert. Sie bestätigt meine Wahrnehmung, dass das bewusste Gehen ein magischer, mystischer und alter Mysterienweg ist. Die amerikanische Autorin Kathleen McGowan erzählt in ihrem Buch *Das Jesus Testament*, im englischen Original als *The Book of Love* betitelt, ausführlich aus dem Leben der Markgräfin. Mathilde liebte »ihre« Toskana und war Bauherrin aus Leidenschaft. Sie war eine Eingeweihte in die alten Weisheitslehren aus dem *Buch der Liebe*, das Kathleen McGowan in ihrem Roman beschreibt. Eine sehr vertraute und gängige Tradition aus dieser Lehre war das Gehen im Labyrinth. Mathilde liebte es, täglich im Labyrinth zu gehen, es war eine Geh-Meditation, um zu sich selbst zu kommen. Das Gehen und die sich im und durch das Gehen entfaltende Selbsterkenntnis war Teil dieser alten, »geheimen« Lehre. Mathilde sendete der Erzählung zufolge ihren treuen Freund und Lehrer nach Chartres. Dort beteiligte er sich am Bau einer Kathedrale, die das Buch der Liebe repräsentiert. Im Mittelgang der Kathedrale befindet sich ein Steinlabyrinth. Es führt durch elf konzentrische Kreise und vierunddreißig Kehren ins Zentrum, wo sich eine sechsblättrige Rose befindet. Diese Form des Labyrinths findet man auch im von Mathilde gebauten Kloster von Orval. In ihrer Lieblingsstadt Lucca befindet sich in der westlichen Vorhalle des Duomo San Martino ein Fingerlabyrinth, d.h. ein Labyrinth, das mit dem Finger »gegangen« wird. Dieser Dom wurde von Mathilde baulich vergrößert und verschönert, da er das »Volto Santo«, das heilige Antlitz, beherbergt. Es ist ein Gnadenbild und hölzernes Kruzifix, das im 12. Jahrhundert zu einem bedeutenden Pilgerziel wurde.

All diese Orte sind Schauplätze im Roman von Kathleen McGowan. Nach der Lektüre reiste ich sofort nach Chartres und hatte das Glück, das kraftvolle Labyrinth begehen zu dürfen. Das Lesen der Bücher von Kathleen McGowan und meine Reise nach Chartres lösten eine Welle der Erkenntnis in mir aus. Ich wurde in meiner Ahnung bestätigt, dass das bewusste Gehen schon sehr alt ist und ich oftmals »alte Erinnerungen« hatte. Ich kann das Gehen im Labyrinth nicht mit Worten beschreiben, es ist magisch. Daher möchte ich hier Kathleen McGowan zu Wort kommen lassen:

»Mathilde ging ihr geliebtes Labyrinth, welches nach den Regeln von Salome und Saba errichtet worden war. Ziegel und Steine bildeten die Wege, die in elf Kreisen zum Mittelpunkt führten. Doch während Salomons Labyrinth im Zentrum tatsächlich einen perfekten Kreis besessen hatte, war hier die Mitte wie eine sechsblättrige Rose geformt, dem Symbol des Buches der Liebe.« [3]

Und weiter:

»Der Orden hatte jenseits des Flusses ein Labyrinth aus Stein und Ziegeln für Mathilde gebaut. Dort hatte der Meister Mathildes Ausbildung über die

*Jahre hinweg fortgesetzt. Inzwischen war das Labyrinth ihre größte Zuflucht geworden. ›Du musst das Labyrinth noch einmal beschreiten, Tilda. Salvitur ambulando‹ war der Kommentar des Meisters zu einer bevorstehenden schwierigen Lebensentscheidung für Mathilde von Tuszien.*

*›Salvitur ambulando‹ bedeutete so viel wie ›es löst sich durch das Gehen‹. Dieses Prinzip war ein wesentlicher Bestandteil der Lehren aus dem Labyrinth. Durch das Labyrinth zu gehen, gab dem Frommen Ohren, um zu hören. Es war ein Gebet im Gehen, ein Tanz der Meditation, der Körper, Geist und Seele zusammenbrachte und sie gemeinsam zu einem machtvollen Verständnis führte. Durch dieses Labyrinth hatte auch Salomon seine legendäre Weisheit erhalten.«[4]*

So ging Mathilde, wenn möglich, täglich ins Labyrinth, um sich selbst ihre Zukunft und den Willen Gottes zu suchen und um Kraft zu finden.

Im Gehen wird der Mensch zum *Anthrophos*, zum Menschen, der sich selbst erkennt. So lehrten es die »alten Weisheitsschulen« in Lucca und Chartres. Mittlerweile biete ich genau deshalb Reisen zu diesen besonderen Plätzen an, um die Magie des Gehens an alten Kraftplätzen erfahren zu können. Denn hier liegt eine Querverbindung zu *Geh Dich Frei*. Die Methode lässt die Menschen sich unweigerlich selbst erkennen – und zwar in ihrem wahren Potenzial, so, wie sie gedacht sind, sie werden zum *Anthrophos*.

*Ich selbst und viele der Teilnehmerinnen in meinen Ausbildungsgruppen stellten fest: »Wer fragt, bekommt Antworten.« Die Magie des Gehens hat nichts von ihrer Kraft und Klarheit verloren. Es ist ein Weg zu sich selbst und somit zur eigenen inneren Göttlichkeit, es ist die Fort-*

*setzung eines uralten Mysterienweges. Wir haben heute den Vorteil, dass wir gehen dürfen, wir müssen es nicht mehr im Geheimen und unter Lebensgefahr tun. Wir dürfen auch Labyrinthe gehen, wir dürfen sie bauen, wann und wo wir wollen. Es besteht keine Gefahr mehr, wenn wir die alten Lehren wieder aufgreifen und gehen. Dafür bin ich unendlich dankbar.*

»Wer Ohren hat zu hören, der hört. Die Zeit kehrt wieder«, sagte Kathleen McGowan zufolge Mathilde von Tuszien. Sehr früh erkannte man also die Zusammenhänge von Gehen, Körper und Geist bzw. die von Gehen und Handeln. Im Gehen werden viele Dinge klar, sie sortieren sich neu. Im Gehen werden neue Einsichten gewonnen. Gehen schafft eine Verbindung zu sich selbst. Im Gehen kommen Dinge in den Fluss. All dies sind Umstände, die wir aus unserem eigenen Leben kennen.

Das bewusste Gehen von eigenen Wesensanteilen ermöglicht eine zusätzliche Erfahrungsebene zu den bereits genannten Vorteilen. Du kannst Informationen zu Hintergründen ergehen, du machst eine Erfahrung, Fragen werden beantwortet und damit ist nichts mehr wie vorher. Das Leben *geht* in diesen Belangen anders weiter, eben weil jedes Leben nach einer Erfahrung anders ist als vorher.

## Das Gehen in der Gegenwart

In den 1990ern in Amerika (Los Angeles) haben der Schauspieler Joseph Culp und der Psychologe John Cogswell die Methode des Gehens entwickelt und eine alte Tradition für die moderne westliche Welt zugänglich und erklärbar gemacht. Beide Männer experimentierten in unterschiedlichen Metiers – im Schauspiel und in der Psychotherapie.

Joseph Culp entdeckte, dass es für Schauspielerinnen durch das Gehen der zu spielenden Rolle möglich ist, die wahre Essenz der Rolle zu erfassen. Dies geschieht, indem die Schauspielerinnen sich aktiv dazu entscheiden, in zu spielende Rollen einzusteigen. Sie machen dazu einen bewussten Schritt und sagen laut den entsprechenden Namen, zum Beispiel: »Ich bin Pipi Langstrumpf.« Dieses Erfassen hat mehrere Erfahrungsebenen: das Wissen darüber (mentale Ebene), das Fühlen der Rolle (emotionale Ebene), die Veränderung der physischen Wahrnehmung und des Habitus (physische Ebene) und sich daraus ergebend ein anderer Gang, eine andere Haltung, anderes Sehen, eine andere Sichtweise.

In der Psychotherapie erlebte John Cogswell vorher nicht gekannte Möglichkeiten, mit Klienten Bereiche in ihrem Bewusstsein zu erreichen. Das Wissen um ihre Lebensproblematiken hatten die Klienten in der Gesprächstherapie bereits erarbeitet. Durch das Gehen der eigenen Probleme kam jedoch die Erfahrungsebene dazu. Dieses Eintauchen in die Erfahrung verhalf zu völlig neuen Sichtweisen. Durch das Gehen einer Problematik, wie z.B. einer undefinierbaren Angst, kamen die Klienten mit ihrem Körper und den unterschiedlichen Orten der Angst in Kontakt. Das passierte ohne die bewusste Absicht, diesen Zustand zu erzeugen und ohne eine Veränderung der Angstzustände zu erwarten. Die Angst veränderte sich trotzdem.

Beide Männer kannten sich sehr gut, sie hatten eine enge Beziehung zueinander. Beide arbeiteten mitunter auch gemeinsam mit der Technik, indem sie Theaterstücke inszenierten. Sie tauschten ihre bemerkenswerten Erkenntnisse aus und entdeckten ungeahnte Möglichkeiten. Sie gaben dem Gehen einen Namen: *Walking In Your Shoes*®.

Joseph Culp lehrt diese Methode immer noch in Los Angeles und hält auch in Europa Fortbildungen ab. Hauptberuflich ist Joseph Culp weiterhin Schauspieler und verwendet dieses Werkzeug im Schauspielunterricht. John Cogswell ist im Jahr 2012 im Alter von fast neunzig Jahren verstorben.

Nach Europa kam *WIYS* durch den deutschen Familiensteller Christian Assel. Dieser pendelte zwischen Hannover und Los Angeles und entdeckte dort durch Freunde *Walking In Your Shoes®*. Er lernte Joseph Culp kennen und machte Erfahrungen mit *WIYS*. Zurück in Europa, integrierte er diese neue Technik in das Familienstellen. Er änderte die Methode dahingehend ab, dass er als Gehende Stellvertreterinnen auswählte. Dies übernahm er aus dem systemischen Familienstellen, wo fremde Personen die Darstellung der Rolle der Klientinnen bzw. Fragestellerinnen übernehmen. *WIYS* kam bei Christian Assels Klientinnen so gut an, dass es bald das systemische Familienstellen in seiner Arbeit verdrängte.

Ich selbst entdeckte *WIYS* im Internet und war durch die Beschreibung des Gehens so stark angezogen, dass ich von Österreich nach Berlin fuhr, um diese Methode zu erlernen. Ich bin schon immer spazieren gegangen, um Klarheit über meine Probleme zu bekommen. Diese Lieblingsbeschäftigung nun in eine Methode integrieren zu können, beglückte mich sehr. So begann meine Erfahrung mit *WIYS*. Ich brachte diese Methode nach Österreich und war von Anfang an von den Möglichkeiten fasziniert. Die Magie des Gehens hat mich bis heute nicht losgelassen.

In Österreich entwickelte ich unbewusst eine neue, abgewandelte Art des Gehens. Ich lege den Schwerpunkt auf die körperliche Wahrnehmungsebene und führe demzufolge den Gehenden mit Fragen in den eigenen Körper zurück. Ich stelle die Frage, wo im Körper der Gehende die besprochene Thematik fühlt. In die Entwicklung floss mein körperorientiertes Wahrnehmungspotenzial hinein.

Ich entwickelte viele weitere Übungen, die es bis dahin nicht gab, z.B. Geh-Meditationen. Es entstanden Übungen zur ganzheitlichen Erfahrung einer Qualität und die sogenannte Legung als Klärungshilfe für den privaten und beruflichen Bereich. Es kam das Gehen im Business-Bereich dazu, mit Übungen, die Entscheidungsprozesse immens beschleunigen. Diese Methode wende ich bis heute erfolgreich an. Ich begann Reisen anzubieten, die mein Herz bis heute berühren. Wir besuchen alte Kraftplätze und verbinden die Kraft des Platzes mit dem Gehen. Dies beschert uns allen unglaublich schöne Momente. Zudem entwickelte ich das Gehen für ein Zwei-Personen-Setting, nämlich für Klientin und Praktizierende. Diese Form des Gehens kommt in Energetiker-Praxen häufig zur Anwendung.

Meine Seminar- und Ausbildungsteilnehmer machten mich darauf aufmerksam, dass bei mir völlig anders gegangen wird als in Deutschland. Dies hörte ich sehr oft und so begab ich mich auf Namensfindung für meine Art des Gehens. Dies geschah nicht von heute auf morgen, es war wie eine Geburt. Es dauerte so lange, wie es eben dauerte, und ich konnte es weder beschleunigen noch anders beeinflussen. Erst, als ich das Nichtwissen akzeptierte, flog mir der Name zu: *Geh Dich Frei – gefühlte Wege der Erkenntnis*. Es ist für mich die perfekte Beschreibung für meine Methode des Gehens.

## Das Gehen in der Zukunft

Das Gehen kann dein alltägliches Leben verbessern – und das ohne große Mühe! Dazu braucht es ein Basisverständnis im Erschaffen einer neuen Realität und im Manifestieren. Zur wissenschaftlichen Vertiefung empfehle ich dir die Bücher von Dr Joe Dispenza und den Podcast von Eva Maria Zurhorst für die verständliche und alltagstaugliche Übersetzung der Thematik. Die Grundlagen werde ich in weiterer Folge kurz erklären.

Die Wissenschaft ist sich einig darüber, dass wir zu 99,99 Prozent aus Energie bestehen. Diese Energie ist voller Informationen und jenseits von Zeit und Raum. Sie schwingt in Wellen, reagiert auf uns und wird durch unsere Gedanken und Gefühle geformt. Der leere Raum wird durch unser Denken und Fühlen zu Materie. Es macht aus diesen unendlichen Möglichkeiten eine reale Erfahrung. Dies geschieht in jeder Minute unbewusst, unsere Gedanken erschaffen so Realität.

Wir alle haben unsere individuelle, mehr oder weniger belastende Lebensgeschichte. Wir haben im Laufe unseres Lebens gelernt, damit umzugehen. Sehr viele Menschen haben an ihren Belastungen therapeutisch gearbeitet. In jedem von uns schlummert die Person, die wir gerne wären, frei von belastenden Emotionen, frei dafür, das Leben unserer Träume zu leben.

Dr Joe Dispenza verletzte sich bei einem Unfall mehrere Wirbel im Brustbereich, einer davon war zu sechzig Prozent gebrochen. Laut der Diagnose seines behandelnden Arztes sollte er nie mehr gehen können. Das Einzige, was ihm laut seinem Arzt geholfen hätte, wäre ein schwerer operativer Eingriff gewesen, bei der seine Wirbelsäule mit Stangen fixiert worden wäre. Er lehnte die Operation ab und verließ gegen den Widerstand der Ärzte das Krankenhaus. Dispenza ist davon überzeugt, dass jene Kraft, die einen Körper schafft, auch in der Lage ist, diesen zu heilen. Er verband sich mit dieser Intelligenz, teilte ihr seinen Plan mit und schloss mit sich selbst und dieser Intelligenz einen Pakt. Er quartierte sich bei Freunden ein und unterzog sich einem rigorosen Plan der Selbstheilung mit Diät, Meditation und einer umsichtigen Form der Physiotherapie. Nach sechs Wochen war das Schlimmste überstanden, er konnte wieder gehen. Heute hält er über diese Tatsache und seine Erkenntnisse daraus weltweit Seminare und es gibt eine Menge Bücher und Filme, in denen er die Bedeutsamkeit des Fokushaltens in der zukünftigen Wunschvorstellung betont. Das Erschaffen oder Manifestieren setzt ein emotionales Fühlen des Wunsches voraus, so als wäre er schon Wirklichkeit. Es geht darum, das zukünftige *Ich* so lebendig wie möglich zu *sein*. Wir gehen nun einen kleinen Schritt weiter und verkörpern diese Sehnsucht, dieses zukünftige *Ich*, wir sind diese zukünftige Person und machen sie damit lebendig. Ich erzähle dazu zwei Geschichten aus meiner Praxis.

Eine junge Schauspielerin hatte plötzlich Redehemmungen auf der Bühne, kaum waren Zuschauer im Saal, verschlug es ihr die Sprache. Dieses Phänomen war ganz plötzlich zum Vorschein gekommen. Sie ließ sich nach Absprache auf ein Experiment mit mir ein. Ich ließ sie den ersehnten Zustand ausführlich beschreiben, denn das Problem *Redehemmung* konnte sie perfekt reflektieren. Darin bedurfte es keiner weiteren Analyse. Dann stieg die Klientin mit meiner Anweisung in die Rolle des gewünschten zukünftigen Ichs ein und erzählte lebendig aus ihrem Erleben. Die Erfahrung des zukünftigen Ichs war noch toller, als wir es auf dem Zettel entworfen hatten. Sie stieg am Ende nicht aus der Rolle aus. Wir vereinbarten, sie solle zu Hause zweimal täglich in das zukünftige Ich einsteigen und beim nächsten Bühnenauftritt auch. Sie rief mich einige Wochen später an und erzählte mir, dass die Redehemmung einfach weg war. Beim Bühnenauftritt habe sie die Redehemmung einfach vergessen.

Ich dachte zuerst, dass das ein Zufall sein kann. Doch dasselbe Ergebnis hatte ich mit einem zehnjährigen Jungen mit Prüfungsangst. Er stieg zweimal täglich in die Rolle des Gelassenseins ein und die Prüfungsangst zog sich zur Gänze zurück. Das klingt etwas banal, doch ich lernte daraus, dass so etwas passieren kann. Wenn dein Verstand jetzt ob der Banalität in Widerstand geht, dann gehe gleich mal die Person, die einfache Lösungen zulässt.

*Finde dein zukünftiges Ich*

Mit folgenden Fragen an dein zukünftiges Ich kommst du näher an die verborgenen Wünsche heran:

- Wer möchte ich aus tiefstem Herzen sein?
- Wie erlebt dieses zukünftige Ich seinen Tag?
- Was arbeitet diese Person?
- Wie geht sie mit ihrer Umwelt um?
- Wie fühlt sie sich in ihrem Körper?
- Wo lebt diese Person?
- In welchem Umfeld lebt sie?
- Was bereitet dieser Person Freude?

Die Antworten bringen die schlummernde Person ans Licht bzw. geben sie Aufschluss über berufliche und private Sehnsüchte. Schreibe alle Antworten auf einen Zettel.

Nimm deinen Zettel mit den Eigenschaften deines zukünftigen Ichs zur Intensivierung in die Hand oder stecke ihn ein. Du solltest für die folgende Übung ca. zehn Minuten lang ungestört sein und laut sprechen können.

---

## Übung

*Steig in die Übung ein, indem du laut sagst: »Ich bin das zukünftige Ich, das auf dem Zettel steht.« Dann beginne dich im Raum zu bewegen. Sprich während der Übung laut. Nimm deinen Körper bewusst wahr. Ist er weit, heiß, kalt oder kribbelt? Was nimmst du noch wahr? Wie ist dein Sichtfeld? Wie schnell bewegst du dich? Wie bewegst du dich? Wie verläuft dein Weg? Was empfindest du als dein zukünftiges Ich? Hast du Wünsche? Wie erlebst du dich? Welche Gefühle nimmst du wahr? In welcher Haltung blickst du auf dein Leben? Was ist dir wichtig? Mache die Rolle so intensiv wie mög-*

*lich. Wenn nötig, intensiviere die Rolle, indem du dir die Erlaubnis für diese Erfahrung gibst. Lege dich nach ca. zehn Minuten auf den Boden und integriere die Erfahrung.*

Das Gehen ermöglicht eine ganzheitliche Erfahrung deines zukünftigen Ichs, erweckt es zum Leben und integriert es. Es ist wichtig, dass du diese Übung so oft wie möglich machst. Das geht beim Spazierengehen, beim Kochen usw.

# Das Gehen

Das Wichtigste gleich vorweg: Es gibt keinen »richtigen« Ablauf, jedes Gehen ist anders. Es gilt, sich auf das einzulassen, was sich zeigt; dabei sind Präsenz und Offenheit die höchste Kunst. Das beinhaltet für mich, wertfrei, zugewandt, neugierig, offen, erwartungslos, feinfühlig, präsent und mit Herz und ohne etwas zu wollen den Prozess zu begleiten.

Es gibt jedoch einen Erfahrungsschatz zum Gehen und aus diesem möchte ich an dieser Stelle schöpfen. Ich beschreibe das Gehen meistens aus der Sicht der Leitung, die Sichtweisen der Stellvertreter und Geherinnen fließen jedoch mit ein.

Lasst uns also nun den Prozess des Gehens und seine Elemente im Detail betrachten. Um einen guten Fluss und Überblick zu erreichen, behandle ich die einzelnen Elemente in der Reihenfolge, wie sie auch in der Behandlung oder Gruppenarbeit auftauchen. Einige wichtige Punkte werde ich anschließend weiter vertiefen.

## Setting und Beteiligte

*Setting:* Die erste Entscheidung, die getroffen werden muss, ist die über den passenden Rahmen – soll das Gehen zu dem spezifischen Thema in einer Einzel- oder einer Gruppensitzung erfolgen? Welches Setting passt besser zum Thema der Klientin?

Jeder Mensch und jedes Thema haben ihre eigenen Ansprüche. Manche Menschen bevorzugen Einzeltermine und würde nie eine Gruppe aufsuchen. Grundsätzlich kann jedes Thema in Einzelarbeit oder in der Gruppe gegangen werden. In der Gruppe kommen allerdings noch mehr und tiefere Einsichten und Erkenntnisse aus den Themen der anderen hinzu.

Der Zeitrahmen ist bei der Einzelstunde mit ungefähr einer Stunde vordefiniert und sollte auch nicht maßgeblich verlängert werden, denn die gegangenen Themen benötigen Integrationszeit. Ich biete seit einiger Zeit meine Workshops und Ausbildungstage nur noch eintägig an. Der Grund dafür ist, dass die Schwingungsfrequenz der Erde sich kontinuierlich erhöht und dadurch die Ursachen und Lösungen der Thematiken viel schneller ans Licht drängen. Früher benötigte ich doppelt so lange für die gleichen Anliegen, da die Antworten weniger schnell sichtbar wurden.

*Beteiligte:* Am Gehen beteiligt sind Klienten, also die Personen, die sich mit einem Anliegen an mich wenden, Stellvertreter und Gruppenteilnehmer sowie die Leitung. Alle Teilnehmerinnen einer Gruppe agieren als Stellvertreter für zu gehende Themen. Der Klient sucht die Stellvertreter für seine Thematik intuitiv aus. Jede Teilnehmerin kann zu jeder Zeit eine Stellvertreterrolle ohne Angabe von Gründen ablehnen. Bei einer Einzelsitzung sind nur Klientin und Leitung beteiligt.

*Klient:* Die fragende bzw. Antwort suchende Person wird in meinem Buch als *Klient* bezeichnet. Klient ist, wer Hilfe suchend zu mir in die Praxis zu einer Einzelstunde kommt und ein Problem oder eine Frage mitbringt. Wir klären dann gemeinsam das Thema und besprechen die genaue Fragestellung, die in Folge gegangen wird. Diese sollte möglichst präzise in einem Satz formulierbar sein.

Die andere Möglichkeit ist, wie bereits erwähnt, sich als Klientin zu einem Gruppenseminar anzumelden. Bei meinen Seminaren besteht die Gruppe aus Ausbildungsteilnehmern und Workshopteilnehmern. Hier ist die Motivation meistens eine dringende Fragestellung oder ein Problem. Sehr oft wollen Menschen die Methode *Geh Dich Frei* erlernen, um sie im eigenen Lebensbereich anzuwenden.

*Stellvertreter:* Stellvertreterinnen werden vom Klienten intuitiv aus der Seminargruppe gewählt. Alle Teilnehmerinnen haben immer die freie Wahl, die Rolle ohne Begründung abzulehnen. Wenn dies der Fall ist, wird intuitiv eine neue Stellvertreterin gebeten, die Rolle zu gehen. Es wird durch eine bewusste Entscheidung in die Rolle des Klienten eingestiegen. Dies tun die Stellvertreterinnen, ohne die Lebenshintergründe und die individuellen Erfahrungen des Klienten zu kennen. Beim verdeckten Gehen bekommt man als Stellvertreterin sogar nur einen gefalteten Zettel, auf dem eine für die Geherin unsichtbare Rolle geschrieben steht. Die Stellvertreterin hat keine Ahnung, was sie geht, sie steigt sozusagen »blind« ein.

*Leitung:* Die Leitung eines Geh-Prozesses bestimmt den Ablauf, erklärt die Methode, klärt das Thema und beginnt und beendet das Gehen. Vor allem aber hält sie den Raum für das Gehen. Dies bedeutet, dass sie eine starke Präsenz hat und im Augenblick verweilt, ohne Erwartungen und ohne Druck nach einem Wunschergebnis. Die Leitung muss dem Prozess Raum und Zeit geben, jedoch trägt sie auch die Verantwortung für das Wohlbefinden der Stellvertreter und für die »Echtheit« des Gehens. Anders formuliert: Die Leitung hält die Struktur, sorgt für Sicherheit und den Raum.

Die Leitung kann in der Regel erkennen, ob sich Gehende in der Rolle befinden und aus dem wissenden Feld sprechen. Die Leitung entlässt aus Rollen und stellt sicher, dass jede Person die Rolle auch wirklich verlassen hat. Wichtig ist, dass die Leitung selbst nicht in Resonanz mit dem gegangenen Thema ist, da sie dann das Gehen nicht mehr mit der nötigen inneren Haltung leiten kann. Ist dies der Fall, muss das Gehen unterbrochen werden. Die Leitung sollte in der Lage sein, dies zu erkennen.

Die Leitung folgt während des ganzen Geh-Prozesses ihrer Intuition, sie vertraut auf die eigene innere Leitung. Es sind beim Gehen keine weiteren Techniken zu vermischen, alle weiteren Methoden werden zum Schutz des Klienten extra besprochen und nur mit Einverständnis angewandt.

Die Leitung nimmt eine besondere Haltung ein. Sie vergisst alle Techniken und ist in der Präsenz Teil des Prozesses, sie fragt dabei offene Fragen und legt weder eigene Meinung noch Vermutungen ins Feld. Fragen werden aus der Unschuldshaltung eines Kindes gestellt, und zwar so lange, bis die Leitung einen Überblick gewonnen hat. Der Prozess des Gehens kann in Abschnitten oder in einem Stück erfolgen, auch dies obliegt der Leitung.

Am Ende des Gehens hält die Leitung zum Schutze der Klientin den Raum frei von Interpretationen. Das Gehen sollte so wenig wie möglich von außen interpretiert werden. Die Leitung reflektiert des Ergebnis mit der Klientin und klärt mögliche Aufgaben, die sichtbar geworden sind. Sie gibt am Ende nochmals Raum für Fragen. Die Klientin sollte sich in der kommenden Woche bei einer Erstverschlechterung oder bei auftauchenden Fragen nochmals telefonisch melden.

*Haltung und Präsenz der Leitung*

Die wichtigste Aufgabe der Leitung ist es, nichts zu wollen. Als Leiterin übernehme ich selbstverständlich die Verantwortung, auf das Wohl der Gehenden zu achten und achtsam mit dem Vertrauen der Themensteller umzugehen. Aber ansonsten bleibe ich in einer ergebnisoffenen Präsenz.

Als Leitung vertraue ich darauf, selbst geleitet zu werden. Ich versuche deshalb nicht, während des Gehens etwas zu bewegen. Die Bewegung oder Nichtbewegung kommt vom Feld. Ich halte die Energie für das Geschehen, d.h., ich bin möglichst präsent im Jetzt. Je mehr ich dazu in der Lage bin, desto mehr halte ich die Energie. Ich bin ganz in mir verankert und folge allen Impulsen, die in mir entstehen.

Diese Präsenz ist ein Übungsergebnis und kann meiner Erfahrung nach durch Wahrnehmungsübungen erfahren werden. Dies kann durch eine Meditationspraxis erfolgen oder eine andere Art eines Bewusstseins- und/oder Wahrnehmungstrainings. Das Gehen von Rollen ist selbst ein effektives Wahrnehmungstraining – denn im Gehen ist jeder präsent. In dem Ausmaß, in dem ich die Aufmerksamkeit in mir halten kann, kann ich beim zu gehenden Thema präsent sein. In den Momenten, in denen die Präsenz sehr hoch ist, kann ich viele Ebenen des Gehens gleichzeitig wahrnehmen, wie zeitliche Ebenen oder unterschiedliche Bewusstseinsebenen. Gleichzeitig bin ich mir meiner selbst bewusst und mit der Aufmerksamkeit bei allen Beteiligten. Ein sicheres Zeichen für Präsenz ist, dass das Leiten nicht anstrengend ist.

Alle dazwischen liegenden Leitungsstile strengen mehr oder weniger an. Sie kosten Energie und erschöpfen. Erschöpfung oder körperliche Symptome können ein Hinweis für die persönliche Resonanz mit dem Geschehen sein. Dies wird immer wieder mal passieren und kann durchaus positiv gesehen werden. Es zeigt sich dann bei der Leitung der nächste Schritt im Leben, denn meistens arbeitet man als Leitung gleich für sich selbst mit.

Als Leitung gebe ich das Beste, was an diesem Tag und mit der gegebenen Konstellation möglich ist. Es ist wichtig, sich bei jeder Leitung eines Themas, z.B. vor einer Sitzung oder einem Workshop, das Vertrauen in sich selbst und das Wissen um »Weniger ist oft mehr« ins Bewusstsein zu holen. Denn wir neigen als Menschen dazu, oft noch etwas mehr geben zu wollen. Dabei kann es passieren, dass ein Thema zu lange gegangen wird. Dies führt aus Erfahrung zu keiner besseren Lösung. Oftmals befriedigen wir damit nur unseren Drang, alles perfekt lösen zu wollen oder besonders gut zu sein und eine perfekte Lösung für die Klienten zu finden. Der Glaubenssatz dahinter ist: »Ich bin nicht gut genug« – ein weit verbreitetes mitteleuropäisches Phänomen.

*Teilnehmer und Deutung*

Das Ergebnis des Gehens oder der gegangene Weg werden ziemlich sicher von jeder Teilnehmerin zumindest leicht unterschiedlich oder auch ganz anders interpretiert. Wir schauen alle mit unserer persönlichen Erfahrungswelt im Hintergrund auf das Geschehen. Bis jetzt können die meisten Menschen ihren Werdegang, ihre Geschichte, dabei nicht ausblenden. Und dies gilt natürlich auch für die Leiterin oder den Leiter des Gehens.

Menschen haben völlig unterschiedliche Leben – es ist wichtig, das als Leitung immer im Hinterkopf zu haben und die Neutralität des Prozesses zu halten. Es ist nicht an der Leitung, eine eigene Meinung über das Thema und über die beteiligten Menschen zu haben, denn wir kennen ihre Geschichte nicht, wir haben sie nicht erlebt. Wir dürfen in diesem Augenblick nur einen kleinen Teil ihres Menschseins erfahren. Es steht uns nicht zu, darüber zu urteilen, wie sie leben. Es ist angebracht, Demut und Achtsamkeit vor dem Schicksal und dem Potenzial eines jeden Menschen zu entwickeln.

Das Gehen zeigt Wege und Lösungen auf so vielen Ebenen gleichzeitig, dass ich oft demütig schweige ob der Genialität der Methode. Die Klientin kann vertrauensvoll die ihr momentan zumutbare Lösung mit nach Hause nehmen. Selten kann die gesamte Lösung auf allen Ebenen von Klientinnen sofort erkannt werden, nichtsdestotrotz ist sie sichtbar und spürbar im Raum. Die Leitung kann mit Sicherheit davon ausgehen, dass jeder Mensch die Lösung auch auf nicht bewussten Ebenen erfasst. D.h., auch wenn die mentale Ebene, also der Verstand, teilweise nicht versteht, was vor sich geht, gibt es Anteile im Menschen, die es sehr wohl verstehen. Auch Unzufriedenheit mit dem Ergebnis kommt immer nur aus der Verstandesebene, denn die Seele ist für jede Entwicklung dankbar und bereit.

Ich empfehle zum Umgang mit dem Ergebnis, wie bereits gesagt, möglichst wenig zu interpretieren und interpretieren zu lassen – das gilt vor allem für die Seminarteilnehmerinnen. Zuerst hat der Klient, falls gewünscht, die Möglichkeit, seine eigenen Erkenntnisse mitzuteilen. Auch die Stellvertreterinnen für die jeweiligen Rollen können einen Zusatz liefern, da sie aus der gemachten Erfahrung sprechen. Für weitere Fragen und zur Klärung kann und sollte ein Telefontermin drei bis vier Tage nach dem Gehen vereinbart werden, denn es dauert erfahrungsgemäß einige Tage, bis das Ergebnis alle Ebenen durchdrungen hat und angekommen ist. Meistens benötigen die Klienten diesen Termin nicht, aber es gibt ihnen Sicherheit, ihn zu haben.

# Schritt 1: Vorbereitung

*Themenfindung*

Mit *Themenfindung* ist die Erarbeitung des Themas gemeint, das gegangen wird. Man könnte meinen, das Thema sei den Fragenden klar: Sie haben ein Problem, benennen das Thema und dann wird es gegangen. So ist es jedoch oft nicht.

Menschen, die zu mir kommen, haben meist belastende Lebensgeschichten oder Lebensumstände. Diese erzählen sie, mehr oder weniger ausführlich, am Beginn einer Sitzung. Es ist sehr unterschiedlich, wie Menschen mit ihren Problemen umgehen. Ich habe dabei die unterschiedlichsten Typen erlebt. Manche Menschen sind eher dramatisch veranlagt und erleben ihr Thema auch so. Und am anderen Ende des Spektrums gibt es Menschen, die knapp in einem Satz sagen, warum sie gekommen sind. Bei der ersten Gruppe geht es eher darum, auf den Punkt zu kommen und herauszufiltern, um was es in der Sitzung gehen soll. Es wäre unmöglich, alles zu gehen, was sie erwähnen, wie z.B. das Problem mit dem Ehemann, die schlechten Noten der Kinder, die distanzlose Schwiegermutter und die Frage, ob eine Scheidung sinnvoll ist. Dazu kommt vielleicht noch die Frage nach der möglichen Selbstständigkeit oder dem Druck im Magen. Bei der anderen Gruppe ist es möglicherweise nötig nachzufragen, um auch sicher zu sein, dass sie das wichtigste Thema benannt haben.

Die zentrale Aufgabe bei der Themenfindung ist es, auf den Punkt zu kommen, das dringlichste Thema herauszufiltern und es möglichst kurz und klar zu formulieren. Um zu einem Ergebnis zu gelangen, gibt es verschiedene Möglichkeiten, die wiederum typabhängig sind und zudem von den Vorkenntnissen der Leitung abhängen:

- Du kannst das Thema durch *Fragetechniken* ermitteln. Durch offene Fragen kann das Thema immer mehr eingekreist und zielorientiert erfragt werden. Am Ende sollten beide, der Themensteller und die Leitung, mit dem zu gehenden Thema einverstanden sein.
- Du kannst das *Gewicht* des Themas intuitiv wahrnehmen, es fühlen. Dieser Zugang ist ein intuitiver (und bedarf als solcher einer Schulung der eigenen Intuition) und wird auch so kommuniziert. Die Leitung nimmt vielleicht wahr, dass das dargestellte Thema noch nicht genügend Kraft oder Gewicht hat. Gemeinsam kann weiter nach dem genauen Thema gesucht werden.

Handelt es sich um eine wiederkehrende Klientin, dann empfehle ich, den letzten Termin noch einmal Revue passieren zu lassen, da Reflexion und Klärung für den nächsten zu gehenden Schritt notwendig sind. Sind die erforderlichen Schritte, die sich bei der vorherigen Sitzung gezeigt haben, im Leben noch nicht gegangen worden, dann kann das weitere Gehen die Lebenssituation höchstens beruhigen, aber nicht zum Guten verändern. Das Gehen zeigt die Lernbotschaft zu einem belastenden Lebensumstand und den Weg aus der Krise auf, aber umsetzen kann sie nur die Klientin selbst.

Durch die gemachte Erfahrung im Gehen ändern sich plötzlich Sichtweisen, es kommen andere Dinge ins Bewusstsein, die Wertigkeiten verschieben sich und die Energie kommt innerlich wie äußerlich in Bewegung. Das erleichtert Klienten ihr Leben und ihr Weg wird klar und umsetzbar.

Eine Ausbildungsteilnehmerin formulierte ihre Zurückhaltung bei einem Modul einmal so: »Wer fragt, bekommt Antworten.« Sie hatte bereits die Erfahrung gemacht, dass jede Frage Konsequenzen hat und Veränderungen nach sich zieht. Daher rate ich stark davon ab, etwas aus Neugier schnell zu gehen. Jedes Gehen hat Konsequenzen. Vor fünf oder sechs Jahren dauerten Prozesse noch länger und es konnte anders gearbeitet werden. Es wurde z.B. länger gegangen oder es wurde öfter zu einem Thema gegangen. Aber die Schwingungsfrequenz der Erde erhöht sich ständig und deshalb erreichen die Geh-Prozesse inzwischen sehr schnell eine unglaubliche Tiefe. Es ist wichtig, den Arbeitsstil an die veränderten Bedingungen anzupassen.

Um die Themenfindung klarer werden zu lassen, führe ich im Folgenden einige Beispiele an. Es ist nur ein kleiner Teil der vielen Möglichkeiten, die das Gehen bietet.

## Körper – Symptome oder Krankheiten

Die Weisheit körperlicher Symptome oder Krankheiten ist unbegrenzt. Dazu vorweg eine kurze Erklärung: Ich sehe aufgrund aller beim Gehen gemachten Erfahrungen Krankheit als Auswirkung einer uns nicht bewussten Ursache. Die Ursache ist ein nicht erkanntes Wachstumspotenzial, das im Gehen erfahrbar und erkennbar wird. Wenn der Schritt gelernt ist und das Potenzial gelebt wird, hat die Krankheit oder das Symptom ihre Aufgabe erledigt – denn es ist lediglich da, um den Menschen auf einen Wachstumsschritt hinzuweisen.

Eine Krankheit kann in dem Sinne mit einer aufleuchtenden Ölkontrolllampe im Auto verglichen werden. Die Lampe wie die Krankheit sagen uns, dass etwas zu tun ist, damit die Maschine, also der Körper, weiter funktionieren kann. In diesem Fall schalten wir nicht die Ölkontrolllampe aus und fahren weiter. Genau das tun wir aber, wenn wir beispielsweise das Symptom Migräne nur mit Schmerzmitteln behandeln, ohne zu ergründen, was der angezeigte Wachstumsschritt ist. Das Symptom ist die Wirkung, die Ursache muss uns bewusst werden, damit die Migräne ihren Dienst quittieren kann. Schmerzmittel sind wichtig, um

54

Schmerzen zu mildern, dafür sind sie gemacht. Aber sie sind nicht da, um die Ursache für Schmerzen zu ergründen. Das kann hingegen im Gehen passieren, und zwar schnell und einfach. Dann kann eine Handlung zusammen mit einer medizinischen Behandlung schnell eine positive Veränderung hervorbringen.

Es ist für uns alle heilsam, einmal ein Gehen von einem Symptom oder einer Erkrankung mitzuerleben, denn solche Geh-Erlebnisse beinhalten die reine Weisheit des Lebens. Das Symptom und die Krankheit sind voll und ganz davon überzeugt, dass sie uns dienen. Sie sind so lange für uns da, wie es notwendig ist – sie stellen sich in den Dienst von etwas Größerem. Es ist dabei nie von Bedeutung, wie es dem Symptom selbst geht. Wenn eine Stellvertreterin als ein Symptom, wie zum Beispiel Schmerz, ins Gehen einsteigt, ist es nie so, dass die Stellvertreterin starke Schmerzen spürt. Der Schmerz zeigt sich dadurch, dass er stark ist und sagt, er sei da. Es ist auch nicht so, dass man den Schmerz fragen kann, was seine Aufgabe für den Symptomträger ist, denn das ist ihm egal oder er weiß es nicht.

Das Wachstumspotenzial oder die Erkenntnis der Ursache müssen im Gehen erarbeitet werden. Sie wird oftmals durch die Handlungen des Symptoms sichtbar. Es kann hilfreich sein, zwei Stellvertreter, einen für das Symptom und einen für den Symptomträger, ins Feld zu geben. Dadurch wird die Antwort oftmals gut sichtbar und hörbar.

Am Anfang ist es meist so, dass wir Symptom und Krankheit verschwinden lassen wollen. An dieser Stelle des Gehens werden die Weisheit des Lebens und die großen Zusammenhänge des Universums sichtbar und fühlbar. Die Krankheit ist pure Liebe, die uns mit allem Nachdruck und aller ihr zu Verfügung stehenden Kraft unterstützt, um unser Seelenpotenzial freizulegen. Dadurch wird die Krankheit in Feld und Leben dominanter. Sie möchte gesehen werden, sie möchte Anerkennung und will gehört werden. Sie möchte, dass man sich mit ihr auf einer tieferen Ebene auseinandersetzt. Wenn der Symptomträger im Feld etwas in die richtige Richtung verändert, reagiert das Symptom, bis es nicht mehr wichtig ist. Oftmals bleibt ein Symptom da, setzt sich irgendwohin und sagt: »Ich bleibe hier als Indikator. Und falls du wieder in die falsche Richtung gehst, komme ich und erinnere dich.«

Beim Gehen von körperlichen Symptomen sollte das Hauptaugenmerk auf der Botschaft des Symptoms liegen. Es führt zu nichts, das Augenmerk auf das Loswerden des Symptoms zu legen. Es wird sich erst etwas ändern, wenn der Daseinsgrund des Symptoms erkannt und umgesetzt wurde. Die gute Botschaft ist, dass jede Krankheit zu jeder Zeit die Chance auf Heilung in sich trägt.

---

### Fallbeispiel 4: Symptom Haarausfall

Thema: Plötzlich auftretender starker Haarausfall
Klientin: Anna
Setting: Ausbildungsgruppe in Linz. Es wird eine Einzelstunde simuliert und demonstriert.
Rollen: Haarausfall, die Klientin selbst
Stellvertreterin: Regina Hauser
Leitung: Regina Hauser
Prozess des Gehens: Es wird lösungsorientiert gegangen.

*Regina steigt in die Rolle mit den Worten: »Ich bin jetzt Annas Haarausfall.«*

*Haarausfall: »Ich bin groß, mächtig, schau immer nach oben, ich mag mit dem da unten überhaupt nichts zu tun haben.« Haarausfall geht über die Teilnehmerinnen hinweg und schaut sich um. »Ich bin da.«*

---

*Regina fragt sich selbst: »Welche Emotionen habe ich?«*

*Haarausfall: »Stolz, aber auch Starrheit, ja, Starrheit, da ist ein Stolz wahrnehmbar, ja, ein Stolz, der ziemlich starr ist. In Wirklichkeit sehe ich gar nichts. Ich schaue nur in diese oberen Bereiche und sehe überhaupt nicht, was da im Leben rund um mich passiert.« Regina greift sich an den Nacken. »Tut schon weh, der Hals tut mir weh, ja, schon überall, Nacken, Schultern und Hals. Aber ich will nicht runterschauen, jetzt habe ich mich gefragt, ob ich runterschauen will, aber das will ich nicht, nein, ich will nicht! Um das geht es. Ich will nicht. Ha! Jetzt geht's mir gut, aber leider tut mir alles weh, der Satz ›Ich will nicht‹ entspricht mir zur Gänze. Ich bin sozusagen der personifizierte Satz des Nicht-Wollens. Das tut schon so weh, das personifizierte ›Ich will nicht!‹ Nichts will ich, ich schwanke zwischen Kind und Erwachsenem, ich kämpfe richtig hin und her, einmal bin ich vier, einmal bin ich sieben, einmal bin ich neun, zwölf und ich will immer nicht.«*

*Haarausfall greift sich an den Nacken. »Da hinten tut es voll weh, ich bin das personifizierte ›Nicht-Wollen‹. Dieses Gefühl ist schon ewig in meinem Leben. Haarausfall geht weiter mit der Hand im Nacken. Ich habe da so Bereiche, auf die schieße ich mich ein, und dann will ich nicht, und dann sehe ich auch nichts mehr, dann blende ich alles aus.«*

*Haarausfall geht im Kreis und schaut wieder über die Teilnehmer hinweg. »Weil da oben ist alles wunderbar, ja. Das bilde ich mir halt ein, ah, irgendwie schon blöd, weil neugierig wäre ich schon auf das* andere auch. Aber ich kann nicht, weil da müsste ich mich dorthin begeben.« Haarausfall schaut auf die Menschen im Kreis. Haarausfall überlegt weiter laut. »Da müsste ich mich mit dem auseinandersetzen, was mich da so nah umgibt, und das will ich nicht, ich will schon wieder nicht!«

Haarausfall bleibt stehen und lässt den Kopf mit geschlossenen Augen nach unten sinken. »Jetzt mach ich einmal die Augen zu, da kann ich ein wenig den Kopf runter tun. Ja, das geht. Und nur ja nicht schauen, ich will nicht schauen.«

Haarausfall spricht weiter laut über das, was in seinem Inneren vor sich geht. »Also ich stelle mir die Frage, warum ich nicht schauen will. Dann kommt sofort, ich weiß ja gar nicht, ob das echt ist, aber ich stell mir vor, dass ich dann Dinge sehe, die ich nicht sehen will, die mir Angst machen, und, aber ich will nicht, ich will einfach nicht.« Haarausfall steht mit geschlossenen Augen, den Kopf geradeaus gerichtet. »Wenn ich die Augen schließe, kann ich meinen Nacken entlasten.«

Regina bittet an dieser Stelle Anna ins Feld.

Anna spricht zum Haarausfall: »Ja, entweder ich will was nicht oder ich will was schon. Ich bin dagegen oder dafür.« Haarausfall: »Du willst immer irgendetwas nicht, du willst dich jetzt auch schon wieder nicht dem Thema stellen. Es geht darum, es so anzunehmen, wie es ist!«

Anna: »Da könnte ich jetzt aus der Haut fahren.«

Haarausfall stellt laut fest: »Meine Aufgabe im Leben ist, gegen das zu sein, was ist, es nicht zu wollen.« Haarausfall stellt sich vor Anna. »Du be-

*stehst aus Wollen und Nichtwollen, und jetzt versuch einmal, das Wollen und Nichtwollen wegzugeben, und was bleibt dann?«*

Anna: »Nichts.«

*Haarausfall: »Nein, dann bleibt eine Anna, die einverstanden ist mit dem, was ist, mit dem, was fehlt, man kann mit allem einverstanden sein.«*

*Anna beginnt ihren Körper zu winden. »Am liebsten wäre ich jetzt eine Schlange, die sich häutet, die aus ihrer Haut raussteigt.« Sie streicht mit den Händen kräftig über ihren Körper.*

*Haarausfall: »Du brauchst nirgends rauszusteigen, du sollst aufhören abzulehnen, was ist. Alles nicht wollen, das andere wollen, hör auf damit!«*

*Anna bleibt stehen und fragt: »Ist das so wie zufrieden sein mit dem, was ich habe?«*

*Haarausfall: »Ist ein Beginn.«*

*Anna: »Was heißt ›Beginn‹?«*

*Haarausfall: »Das wäre ein guter Beginn.«*

*Anna: »Eigentlich habe ich ja viel.«*

*Haarausfall: »Ja, das habe ich gemeint. Das könnten wir jetzt einmal anschauen. Eigentlich habe ich ja viel, bei diesem Satz von dir geht es mir jetzt super. Wenn du so schaust, das ist ganz cool. Da kann ich mich immer mehr und mehr entfernen. Erzähl mal, was du hast!« Haarausfall geht an den Rand des Sesselkreises.*

*Anna: »Ich habe meine Hände, mit denen ich arbeiten kann, mein Herz, mit dem ich fein arbeiten kann.«*

*Haarausfall:* »*Du hast Besitz.*«

*Anna:* »*Ich habe ein Haus, ich habe einen liebevollen Mann. Da kommt dann schon ein Druck auf dem Herzen, wenn ich das so sage. Eine Beschämung kommt, dass ich diese Dinge nicht würdigen kann.*«

*Haarausfall:* »*Geht es schon wieder?*«

*Anna:* »*Kopfweh und Druck sind weg. Ja, eigentlich ist das schön, was ich da aufgezählt habe, was ich so habe, steht jetzt in so einem schönen warmen Licht.*«

*Haarausfall:* »*So sollte das jetzt einmal bleiben, ohne dass man sich schon wieder überlegt, was man tun soll.*« *Haarausfall legt sich an den Rand des Kreises und sagt:* »*Ganz weggehen kann ich nicht, ich beobachte die Situationen, ich glaube, du hast das jetzt verstanden, hast du das Gefühl, dass du es verstanden hast?*«

*Anna:* »*Ich habe es verstanden, aber irgendwo sitzt da ein Männchen, das hämmert. Ich will das Männchen nicht.*«

*Haarausfall:* »*So beobachtest du das bitte, du beobachtest, was in dir alles auftaucht mit ›Ich will nicht‹. Es reicht lediglich, wenn du es wahrnimmst, das ist zu tun, einfach wahrnehmen. Sag: ›Aha, jetzt kommt das Männchen, das hämmert und mir zuflüstert, was ich will und was ich nicht will. Aha, da geht es ums Wollen‹, das reicht mir als Haarausfall schon. Da geht es mir schon viel besser, ich kann am Rand als Indikator sitzen bleiben und dich beobachten.*«

> An dieser Stelle wird das Gehen beendet. Regina steigt aus der Rolle. Anna steigt nicht aus ihrer eigenen Rolle aus.

## Vergangene Leben und Opfer-Täter-Dynamiken

Ein anderes Beispiel sind vergangene Leben. Es zeigt sich im Gehen immer wieder, dass wir alle vergangene Leben auf dieser Erde hatten. Diese Tatsache wird sehr eindrucksvoll erlebt, Stellvertreterinnen nehmen sich in anderer Kleidung wahr, sie sind auf einem ihnen aus diesem Leben nicht bekannten Platz, sie befinden sich oftmals in lebensbedrohlichen Situationen.

Grundsätzlich gilt es hier zu wissen, dass das Gehen ein altes Leben nur berührt, wenn es zur Themenklärung notwendig ist. Es passiert von selbst, die Leitung merkt es an der veränderten Energie und an den Aussagen der Gehenden. *Geh-Dich-Frei*-Praktizierenden ohne Ausbildung zum Rückführungstherapeuten rate ich immer, das Gehen an dieser Stelle abzubrechen. Die Stellvertreterinnen gehen zu diesem Zweck unbedingt bis zum heutigen Datum nach vorne; das sieht so aus, dass sie so lange im Kreis gehen, bis sie am heutigen Tag ankommen. Die Leitung fragt dabei am besten immer wieder nach, in welcher Zeit sie sich momentan befinden. Wenn sichergestellt ist, dass die Stellvertreterinnen im Hier und Jetzt angekommen sind, werden die nächsten Schritte mit dem Klienten geklärt. Es ist in solchen Fällen ratsam, einen Rückführungsspezialisten aufzusuchen.

Falls die Stellvertreterinnen nicht mehr aus der Rolle gehen möchten, da sie bereits mitten in einem vergangenen Leben sind, dann gilt es, als Leitung rasch und effektiv zu handeln. Hier ist besonders auf die Stellvertreterinnen zu achten. Solche Settings sollten auf keinen Fall zu lange gegangen werden. Oft spitzen sich die dramatischen Ereignisse aus diesem vergangenen Leben sehr schnell zu. Menschen sind plötzlich am Schafott, auf einer Streckbank, werden Tieren zum Fraß vorgeworfen oder am Scheiterhaufen verbrannt. Oberstes Gebot für die Leitung ist es, den Prozess nur so lange, wie es ohne Überforderung möglich ist, in Gang zu halten. Wenn man sich ohne sichtbaren Übergang plötzlich mitten in einer dramatischen Situation aus einem vergangenen Leben befindet, sollte die Leitung klar und deutlich sprechen und eindeutige Anweisungen geben. Es sollte nicht die ganze Dramatik ausagiert werden, denn das würde nie aufhören, da der ersten Erfahrung gleich eine nächste aus einem anderen Leben folgen würde.

Solche Extremsituationen sind immer Geschichten von Opfern und Täterinnen. Aus diesem Grund folgt ein kurzer Exkurs in die systematische Arbeit. Opfer und Täterinnen bedingen einander. Opfer stellen sich zur Verfügung – wobei das nicht bedeutet, dass sie (mit)schuld daran sind, zum Opfer geworden zu sein. Täter werden erst durch das Vorhandensein eines Opfers zu Tätern. Ich beschreibe das deshalb sehr klar aus dieser Perspektive, da in unserer Vorstellung das Opfer immer der oder die »zu Bedauernde« ist. In der systematischen Arbeit kann man gut sehen, dass beide wie Ying und Yang sind, zusammen ergeben sie ein Ganzes.

Daraus ergibt sich ein wichtiger Handlungsansatz, der lautet: Immer, wenn sich im Feld eine Opfer-Täter-Dynamik abspielt, muss es das erklärte Ziel der Leitung sein, die Situation zu befrieden. Das kann nur geschehen, wenn der Täter dem Opfer gegenübergestellt wird. Es ist ein delikater Prozess. Die Stellvertreter überhören in ihrem Schmerz vieles, deshalb ist es hier wichtig, deutlich und in kurzen Sätzen zu sprechen, eine Intervention der Leitung kann notwendig werden. Hier empfiehlt es sich nicht, den Prozess einfach laufen zu lassen.

Wenn Opfer und Täterin angewiesen werden, sich in die

Augen zu sehen, dann passiert meistens etwas Verbindendes. Ich sage den agierenden Stellvertretern in der Opferrolle nicht, wer die neue Stellvertreterin im Feld ist. Ich lasse sie im Augenkontakt fühlen und oft kann eine Verbindung entstehen, die im Raum durch Ruhe und eine sich ausbreitende Friedensenergie spürbar ist. Das kann durch die Leitung nicht selbst herbeigeführt werden, es ist vielmehr wichtig, dem Prozess der Verbindung Raum zu geben und den beiden immer wieder die Möglichkeit zu geben, sich gegenseitig anzunähern.

Opfer und Täter können nur durch die Verschmelzung zum Frieden kommen, etwas im Feld weiß, dass sie eins werden wollen. Dies ist in solchen Fällen wunderbar beobachtbar und fühlbar. Es bestätigt die Theorie, dass jeder Täter durch die Tat dem Familiensystem des Opfers angehört. Um diese Tatsache annehmen zu können, müssen wir über unsere konventionellen Prägungen hinauswachsen, sonst wird es für unseren Verstand schwierig. In uns steigt sofort die Meinung auf, dass einem Täter unmöglich verziehen werden kann. Diese Meinung ist anerzogen und vorgefasst. Die andere Sichtweise fällt dir leichter, wenn du einmal diese unglaubliche Friedensenergie im Raum gespürt hast, wenn Täterin und Opfer zusammenkommen und purer Frieden und Liebe entstehen. Diese Situation kann dann am ehesten mit den Worten »etwas befrieden« ausgedrückt werden. Obwohl selbst diese Worte für diese umfassende Wahrnehmung nicht ausreichen.

Das alles heißt nicht, dass die Täter nicht die Verantwortung für ihre Tat übernehmen müssen. In unserer Gesellschaft gibt es ein funktionierendes Rechtssystem, das über das Ausmaß der Strafe urteilt. Doch selbst wenn der Täter ordnungsgemäß bestraft wurde, herrscht oftmals kein Frieden. Dieser kann erst einkehren, wenn wir uns auf mehreren Ebenen, nicht nur auf der weltlichen, versöhnen. Es gibt auch die umgekehrte Problematik, nämlich dass die Täterin vom Gericht noch nicht verurteilt werden konnte und somit vom Rechtssystem noch nicht dazu gezwungen wurde, die Verantwortung für die Tat zu übernehmen. Auch hier herrscht noch Unfrieden, der Fall zeigt sich im Familiensystem des Opfers als nicht abgeschlossen. In diesem Fall können die Täter durch die Stellvertreterinnen im wissenden Feld die Verantwortung übernehmen. So kann Frieden einkehren und es wird ruhig im Familiensystem.

Im Feld ist es spannend zu beobachten, wie die Übernahme der Verantwortung für das eigene Leben die Betroffenen stärkt. Wir stellen uns vielleicht vor, dass diese neue Verantwortung die Betroffenen belastet, es ist aber gerade umgekehrt. Und diese Tatsache ist auch auf unser Leben übertragbar. Es bringt uns in unsere Kraft, wenn wir zu all unseren positiven und negativen Anteilen stehen und wissen, dass wir selbst für unser Leben verantwortlich sind.

Besonders wertvoll und empfehlenswert für alle Opfer-Täter-Problematiken ist der Ansatz des systemischen Familienstellens. Zusätzlich ist es wichtig, nicht zu vergessen, dass alle Traumata im Körper gespeichert und jederzeit abrufbar sind. Deshalb kann es bei einer solchen Auflösungsarbeit notwendig werden, in der Folge Körper- oder Traumatherapie in Anspruch zu nehmen.

Wenn du dich zwischenzeitlich fragst, warum du das alles machst und sonst niemand in der Familie, dann sei dir auch der daraus entstehenden Geschenke für dein individuelles Leben bewusst: Du erledigst mit jeder Lösung etwas für die nachfolgenden Generationen. Du heilst mit jeder Bewusstseinsarbeit sehr viel im kollektiven Feld der Erde. Ich musste mir diese Fakten in meinem Leben oft vor Augen führen, damit ich mutig weitergehen konnte.

## Fallbeispiel 5: Haus

Thema: Haus, das verkauft werden soll. Maria möchte ihr Haus verkaufen, es stehe schon mehrere Jahre zum Verkauf. Es ist ein schönes Haus, sie hat viel daran gearbeitet.

Klientin: Maria
Rollen: Maria, Marias Haus
Setting: Das Gehen findet im Rahmen der Geh-Dich-Frei-Ausbildung statt.
Stellvertreter: Maria wählt einen Stellvertreter für die Rolle ihres Hauses aus.
Leitung: Regina Hauser
Prozess des Gehens: Es wird prozessorientiert gegangen.

*Regina fragt das Haus, ob es schon wisse, dass es verkauft werden solle.*

*Das Haus antwortet: »Ja, fühl mich so, werde aber nicht losgelassen, man zeigt mir nicht den Weg!«*

*Die Besitzerin Maria meint auf die Rückfrage von Regina, ob sie sich dieser Tatsache bewusst sei: »Ja, es sind Dinge von mir im Haus. Was ist genau gemeint mit ›nicht loslassen‹?«*

*Das Haus antwortet sofort: »Deine emotionale Heimat! Man ist nur an einem Ort zu Hause, entscheide dich, wo du sein willst. Nimm deine schönsten Kindheitserinnerungen und nimm sie dorthin mit, wo du leben möchtest!«*

*Die erste Sequenz wurde hier beendet. Es gab ein Gespräch mit Maria, ihr war sehr viel klar geworden. Es waren sehr viele schöne Erinnerungen an die Zeit mit ihren Kindern in diesem Haus. Sie verstand, was zu tun war.*

*Es wurde weiters darüber gesprochen, ob sie sich sicher war, wo sie zu Hause sein wollte. Fühlte sie sich irgendwo angekommen? Dies war in Folge ein weiteres Thema, das für die Klientin zu klären war. Die Sequenz mit dem Haus war damit beendet.*

In solchen Fällen kann man Wochen später noch einmal überprüfen, ob beim Haus in Bezug auf den Verkauf eine Veränderung stattgefunden hat.

*Entwicklung und persönliche Blockaden*

### Fallbeispiel 6: Irrationale, unkontrollierbare Ängste

Thema: Hannes hat extreme Ängste, es könnten ihm alle schrecklichen Dinge im Leben zustoßen. Er hat einen guten Job und es gibt auch sonst keinen Grund für diese Ängste.

Klient: Hannes

Setting: Das Gehen fand im Rahmen eines Geh-Dich-Frei-Workshops in Wien statt.

Rollen: Angst von Hannes, ein Helfer aus der Gruppe

Stellvertreter: Hannes wählt für die Rolle der Angst eine Stellvertreterin, ein Helfer aus der Gruppe kommt später hinzu.

Leitung: Regina Hauser

Prozess des Gehens: Es wird prozessorientiert gegangen.

*Dies ist eine von mehreren Sequenzen eines Gehens in verschiedenen Abschnitten:*

*Die Angst liegt sofort nach dem Einstieg in die Rolle am Boden und spreizt Arme und Beine von sich, sie erklärt ihre Wahrnehmung folgendermaßen: »Ich bin im freien Flug, ohne Fallschirm. Ich allein im großen Nichts, ich bekomme keine Luft, ich habe Angst um mein Leben, ich habe so großen Druck. Ich werde immer mehr zusammengedrückt und sause im freien Fall hinunter.«*

*Wir warten kurz, ob sich etwas ändert, ob es möglich ist, den Flug zu stoppen oder irgendetwas Beruhigendes passiert. Nichts ändert sich. Der freie Fall geht weiter. Auf die Frage, was sie, die Angst, jetzt bräuchte, kam: »Hilfe von außen, jemand soll mich halten und stoppen.«*

*Es war an dieser Stelle klar, dass die Angst stärker als der Klient war. Es wurde jemand aus der Gruppe gewählt, der ihn hielt. Es wurde ruhig. An dieser Stelle wurde diese Sequenz des Gehens beendet. Die nächste Sequenz folgte nicht an diesem Seminartag.*

Fazit aus dieser Sequenz: Die Angst ist stärker als der Klient – er ist dadurch fremdsteuerbar und manipulierbar (Hilfe oder Stopp von außen).

Ergebnis: Es ging beim Klienten darum, seinen Platz im Leben einzunehmen, dazu braucht es Mut.

*Offenes oder verdecktes Gehen*

Ein weiterer Teil der Themenfindung ist die Entscheidung für die Art des Gehens, ob das Thema offen, d.h. für alle bekannt, oder verdeckt, d.h. nur der Leitung und der Klientin bekannt, gegangen wird. Diese Entscheidung trifft oftmals die Klientin. Beim offenen Gehen wird die Themenfindung im Beisein der gesamten Gruppe gemacht. Alle können den Prozess des Gehens verfolgen und die Ergebnisse erkennen, da die Fragestellung bekannt ist. Im Einzelsetting wird naturgemäß ausschließlich diese Geh-Form angewandt. Es kann jedoch sein, dass innerhalb des Termins Entscheidungen des Klienten verdeckt gegangen werden.

Zweiflerinnen wählen oft den verdeckten Ansatz, denn für alle Zweiflerinnen ist das verdeckte Gehen der beste Beweis, dass diese Methode wirklich funktioniert. Beim verdeckten Gehen entfernen Leitung und Klientin sich von der Gruppe und besprechen das Thema allein. Sie schreiben es dann auf einen Zettel. Die Formulierung des Themas auf den Zettel sollte sehr klar und kurz sein, kein Satz und keine Fragestellung. Je kürzer und prägnanter die Formulierung ist, desto klarer ist die Antwort. Je unklarer die Themenformulierung ist, desto unklarer ist auch die Antwort. Diesen Zettel geben Leitung und Klientin bei der Rückkehr zur Gruppe der vorher gewählten Stellvertreterin, die »blind« in die Rolle einsteigt. Das tut sie, indem sie den Zettel in die Hand nimmt und laut spricht: »Ich bin jetzt das, was auf diesem Zettel steht.« Dann macht sie einen bewussten Schritt in die zu gehende Rolle. Wenn Menschen dies das erste Mal miterleben, sind sie immer höchst beeindruckt, wie punktgenau die Antworten kommen, und staunen darüber, dass so etwas möglich ist. Manchmal wird der verdeckte Ansatz auch dann gewählt, wenn man sich untereinander zu gut kennt, damit das Gehen neutral und frei von Meinungen bleibt.

Das verdeckte Gehen unterscheidet sich also von den anderen möglichen Geh-Arten dadurch, dass nur die Leitung und der Klient von dem gegangenen Thema wissen. Das Gehen ist somit unbeeinflusst von den persönlichen Belangen des Stellvertreters.

## Umgang mit Zetteln beim verdeckten Gehen

Beim verdeckten Gehen wird, wie beschrieben, das Thema auf Zettel notiert, der Geher nimmt den Zettel an sich und sagt: »Ich bin jetzt das, was auf dem Zettel steht.« Er geht die Rolle und meistens wird der Zettel weggesteckt, zum Beispiel in die Hosentasche. Es ist allerdings wichtig, dass die Leitung den Zettel nach Beendigung des Gehens zurückfordert. Ansonsten bleibt ein Teil der Persönlichkeit des Stellvertreters in dieser Rolle. In einem Fall aus meiner Praxis ging eine Frau eine Rolle und vergaß den Zettel in ihrer Hose. Sie fühlte sich den ganzen Tag eigenartig, stieg bewusst während des Tages noch mehrmals aus der Rolle. Sie dachte schon, dass irgendetwas mit ihr nicht stimmte. Sie reagierte auf alles im Alltag anders, nicht schlechter oder besser, aber anders als bisher. Am Abend beim Ausziehen fiel der Zettel aus ihrer Hosentasche und alles war klar. Sie war zum Teil noch immer in der Rolle gewesen, sie wirkte nach.

## Entscheidung für oder gegen Stellvertreter

Eine weitere vorbereitende Entscheidung ist, ob man die Rolle selbst geht oder mit Stellvertretern arbeitet. Die Rolle selbst zu gehen, ist sozusagen der Selbsterfahrungsansatz. Diese Herangehensweise ist nicht immer praktizierbar, aber meiner Erfahrung nach sehr empfehlenswert. Ein Erfahrungswert von mir und vielen bekannten Autoren ist: »Du musst es fühlen, um es zu heilen.« Wenn man Stellvertreter gehen lässt, geht der Stellvertreter oftmals den »(Heilungs-)Weg« der Klientin und erfährt dadurch die ganzheitliche Erkenntnis, der Klientin selbst jedoch fehlt diese Erfahrung. Im schlechtesten Falle versteht sie die Lösung lediglich auf der mentalen Ebene. Das ist aber nur begrenzt hilfreich. Denn eine Lösung zu verstehen, ist etwas anderes, als eine Erfahrung zu machen.

Beim eigenen Gehen der Rolle wird die Erkenntnis zur gemachten Erfahrung, die etwas im Leben verändert. Wir kennen das von Kindern. Wenn du einem Kind sagst, dass es nicht auf die heiße Herdplatte greifen soll, wird es das zwar hören und wissen, aber der Satz wirkt oft erst, nachdem das Kind die entsprechende Erfahrung gemacht hat. Dann wird es achtgeben, nicht mehr auf die Platte zu greifen.

Es ist einfacher, die eigene Rolle selbst zu gehen, wenn eine Leitung da ist, die den Raum für die Gehenden hält. Allein für sich ein Thema zu gehen, gehört zur Königsdisziplin und bedarf viel Übung.

Für Klientinnen oder Anwender hat das Selbst-Gehen also den Vorteil, dass sie die Erfahrung des Weges selbst machen. Es werden die eigenen Begrenzungen und Möglichkeiten erfahren. Dadurch fällt oft auch die Umsetzung der Erkenntnisse und Erfahrungen im Leben leichter. Was das Einsteigen und Gehen des Themas betrifft, unterscheidet sich das Selbst-Gehen allerdings nicht von dem Gehen durch Stellvertreterinnen.

Die Rolle von Stellvertreterinnen gehen zu lassen, kann man als therapeutischen Ansatz betrachten. Hier hat der Klient die Chance, von außen auf sich selbst zu schauen. Diese Gelegenheit haben wir nicht oft im Leben. Ein weiterer Vorteil dieses Ansatzes ist, dass eine fremde Person die eigene, bekannte Innenwelt differenziert wahrnimmt. Eine Stellvertreterin kann z.B. feststellen, dass sie in der Rolle keine Verbindung zum Boden wahrnehmen kann. In der Welt des Klienten ist das ein normaler Zustand, er würde dieses wichtige Detail beim Gehen der eigenen Rolle nicht erkennen.

Diese Herangehensweise ist für Menschen mit divergierendem Fremdbild und Selbstbild von Vorteil. Denn dadurch bekommen sie die Chance, einen anderen Blick auf sich selbst zu erhalten. Meistens sind diese Klienten sehr überrascht und kennen sich so nicht, die Gruppe jedoch erkennt die gegangene Person genau.

**Fallbeispiel 7: Unverkäufliches Haus**

Thema: Max besitzt gemeinsam mit seiner Tante ein Grundstück, das seit geraumer Zeit unverkäuflich ist. Die Beziehung zu seiner Tante sei nicht immer einfach, meinte Max im Vorgespräch. Es wird vereinbart, die Lernbotschaft der Tante für Max zu gehen.

Klient: Geh-Dich-Frei-Ausbildungsteilnehmer Max

Setting: Das Gehen findet im Rahmen der Ausbildungsgruppe statt.

Rolle: Lernbotschaft von Max' Tante für Max

Stellvertreter: Max wählt eine Stellvertreterin für die Rolle.

Leitung: Silvia, eine Geh-Dich-Frei-Praktizierende, die in der Gruppe eine Fortbildung absolviert.

Prozess des Gehens: Es wird prozessorientiert gegangen

*Die Stellvertreterin (im Folgenden als G. abgekürzt) steigt in das Gehen ein, indem sie sagt: »Ich bin jetzt die Lernbotschaft der Tante für Max.«*

*Auf die Frage der Leitung, wie es ihr ginge, kam die Antwort: »Ich bin auf der Suche nach dem richtigen Weg.«*

*Leitung: »Du blickst nach unten, nimmst du irgendetwas rund um dich wahr?«*

*G.: »Nein.«*

*Leitung: »Blickst du nach unten oder nach innen?«*

*G.: »Ich schaue auf den Boden – auf den Weg. Ich habe das Gefühl, dass ich der Weg bin. Ich bin der Weg. Ich bin der Weg. Ich bin der Weg. Ich bin definitiv der Weg. Ich kann den Weg zeigen. Ich kann nicht sagen, dass ich der richtige Weg bin. Ich bin der Weg. Wer mit mir mitgehen möchte, ist herzlich eingeladen. Ich zwinge niemanden. Ich gehe einen Weg, der sich gut anfühlt, ohne zu beurteilen, ob er richtig ist.«*

*Leitung: »Wie fühlst du dich auf dem Weg?«*

*G.: »Ruhig. Ich gehe einen flachen Weg.«*

*Leitung: »Was bedeutet für dich ein flacher Weg?«*

*G. geht ruhig und scheinbar klar weiter: »Ich habe folgendes Bild vor mir: Ich könnte einen Weg auf den Berg gehen oder im flachen Gelände. Ich gehe definitiv den flachen Weg, ich bin der flache Weg. Weil ich hier ruhig bin und bewusst bin. Würde ich bergauf gehen, würde mich das vom Bewusstsein wegbringen, ich würde über Steine stolpern. Ich bin echt ein ganz ruhiger Weg, der befindet sich in flachen Gegenden. Ich lade den Max ein, mit mir zu gehen, ich darf ihn einladen, er muss sich dann aber mit mir im flachen Gelände bewegen.«*

*Leitung: »Kannst du noch einmal deine Qualitäten wiederholen?«*

*G. schaut zu Max hin und spricht: »Ich bin ein ruhiger, einfacher, leichter Weg. Diese Ruhe bringt mir Kraft und die Ausdauer. Das Bergaufgehen würde mich zu viel Luft kosten, ich würde alles andere sehen und nicht den Weg.«*

*Leitung: »Gibt es ein Entscheidungskriterium, woran du erkennst, dass es flach ist?«*

*G. spricht klar und deutlich: »Es ist alles flach hier, keine Steigung. Der Untergrund ist egal, ob Wiese, Erde oder Stein, jedoch flach muss er sein, der Weg.«*

*Die Leitung bittet die Geherin, aus der Rolle aus-*
*zusteigen, und wendet sich Max zu. Sie fragt ihn,*
*was er mit dieser Antwort anfangen kann.*

*Max sagt, dass es einige Dinge gibt, bei denen er*
*keine Resonanz spürt. Weiters sei es für ihn wich-*
*tig, dass diese Metapher sickern darf. Er bemerkt*
*weiter: »Ich bin auf dem Weg zu diesem Weg.*
*Meine Tante lebt mir die Selbstständigkeit vor. Ich*
*bin derjenige, der gern am Berg geht. Sie geht fla-*
*che Wege. Das sind für mich jetzt sichtbare Paralle-*
*len. Was es noch alles heißt, weiß ich gerade nicht.«*

*Leitung: »Brauchst du dazu noch ein Gespräch*
*oder Erklärungen unsererseits?«*

*Max: »Nein, ich weiß, dass Erkenntnisse folgen*
*werden.«*

*Beide bedanken sich beieinander.*

*Meine Anmerkung dazu:*

*Bei diesem Gehen blieb die Stellvertreterin hartnä-*
*ckig bei der Metapher, sie ließ sich nicht abbringen.*

*Vorbereitung des Raums und der eigenen Person*

Das Thema ist besprochen und die Stellvertreterin intuitiv vom Klienten gewählt, falls mit Stellvertreterinnen gearbeitet wird. Das Gehen kann beginnen. In 99,9 Prozent der Fälle tut es das auch. Die Leitung sitzt im Idealfall präsent da, am besten in der Haltung eines neugierigen Kindes, das etwas lernen möchte und keine vorgefertigte Sicht auf das Leben hat.

Bevor es nun wirklich losgeht, sind im Vorfeld noch einige wichtige Vorbereitungen zu treffen. Der Raum sollte eine gute freie Energie haben. Das ist dann der Fall, wenn sich die Leitung im Raum gut und frei fühlt. Darum ist es von Vorteil, wenn jeder Arbeitsraum vorher besichtigt und gespürt wird. Es gibt viele Räume, also ist es ratsam, sich einen geeigneten zu suchen. Ein schlechter Raum kann anstrengend und energieraubend werden.

Die eigene Lebenssituation und die Tagesverfassung der Leitung fließen in die Gruppen- oder Einzelsitzung ein, wenn die Leitung nicht imstande ist, ihren Alltag, ihre persönliche Lebensgeschichte und ihre eigene Person außen vor zu lassen. Wie oben erwähnt, bedeutet das u.a., sich selbst nicht so wichtig zu nehmen und aus den eigenen Mustern möglichst auszusteigen. Dazu sind mehr oder weniger individuelle Vorbereitungen wie eine Meditation, ein kleines Ritual oder Energiearbeit nötig. Anregungen dazu folgen in dem Abschnitt zur Vertiefung für Praktizierende.

Nun ist es so weit, alle Vorbereitungen sind getroffen und das Gehen beginnt!

## Schritt 2: Das Gehen

*Einstieg in das Gehen*

Der Einstieg in ein Thema ist für Einzeltermine und Gruppenkurse gleich: Die Voraussetzung ist ein inneres Ja. Es ist ein Einverständnis, das eigene Thema zu gehen oder – für die gewählten Stellvertreter – sich für die fragende Person und deren Thema zur Verfügung zu stellen. Es sollte ein wahres Ja sein, bei Bedenken ist es für alle Beteiligten besser, die Rolle nicht zu gehen. Gibt es Zweifel, sollten sie zur Sprache gebracht werden.

Die Stellvertreterin bekommt das Thema durch verschiedene Übergabemöglichkeiten:

- Das Thema wird gesagt. Ein Beispiel: »Bitte gehe mein linkes Knie.«
- Das Thema wird mit aufgehaltenen Händen von der Geherin übergeben und es wird dabei ebenfalls gesagt: »Bitte gehe mein linkes Knie.«
- Das Thema wird von Themenstellerin und Leitung allein besprochen, auf einen Zettel geschrieben und übergeben (verdecktes Gehen). Ein Beispiel: »Laura Hofers linkes Knie.«

Die Stellvertreterin wird vom Klienten intuitiv aus der Gruppe gewählt. Beim Einzeltermin steige ich oder die entsprechende *Geh-Dich-Frei*-Praktizierende in die zu gehende Rolle ein. Der Einstieg in die Rolle erfolgt, indem die Stellvertreterin alles Gehörte in einer bewussten Entscheidung fallen lässt und sich mit der Erde verbindet. Sie ist da, hier und jetzt, verbunden mit der Erde und bereit für das Thema.

Sie steigt in die Rolle ein, indem sie sagt: »Ich bin Lauras linkes Knie.« Im verdeckten Gehen sagt sie: »Ich bin jetzt das, was auf dem Zettel steht.« Gleichzeitig macht sie den ersten Schritt in die Rolle und geht. Sie hat die Aufgabe, mit der Aufmerksamkeit im Körper zu bleiben und von den festgestellten Veränderungen zu erzählen, wie »Ich spüre ein Ziehen im Bauch« oder »Ich bin mit dem einen Bein festgemacht, möchte vorwärtsgehen und kann nicht« oder »Mir ist übermäßig heiß« usw. Ihr werden in Folge von der Leitung verschiedene Fragen gestellt. Die Leitung achtet dabei auf die Gehende und den Prozess.

Als Gehende mache ich in dem Prozess eine Erfahrung, wie wenn ich mich auf eine Reise begebe. Ich erzähle, was gerade mit mir passiert, was in mir vorgeht und wie ich mein Umfeld wahrnehme. Ich kommuniziere meine körperliche Befindlichkeit und die Veränderungen in allen Bereichen. All diese Informationen sind für die Themensteller sehr wichtig, für die Gehenden ergeben sie oft keinen Sinn. Das ist aber auch keine Bedingung für eine erfolgreiche Sitzung.

Das Gehen ist ein bewusst gegangener Weg in einem fremden Energiefeld. Die klar getroffene Entscheidung, dieses Thema zu sein, gibt den Weg frei in die Rolle. Praktisch passiert dies, indem ich laut sage: »Ich bin jetzt der Herzschmerz von Angela«, oder: »Ich bin jetzt mein Herzschmerz.« Danach mache ich den ersten Schritt in die Rolle. Diese Wegetappe hat einen Anfang und ein Ende, die durch die Leitung bestimmt werden.

Als Gehender beschließe ich, mich voll und ganz auf den Weg einzulassen, und erzähle aus meinem Erleben. Ich lasse alle Gefühle und Erkenntnisse zu, und wenn ich mich vor etwas ängstige oder in Panik verfalle, dann erzähle ich von meinen Beweggründen. Ich teile mich in allem mit, ich lasse alle Gefühle und Ängste und Möglichkeiten zu. Die richtige Haltung ist: Alles ist möglich! Egal, wo mich der Weg hinführt, ich beschließe, ihn zu gehen. Als Sicherheit habe ich die Leitung. Sie ist mein Garant, dass ich sicher wieder bei mir und in dieser Zeit ankomme.

Die Klientin sitzt beim Gehen durch Stellvertreter rechts neben der Leitung. Das Gehen ist kein Zuschauen ohne Anteilnahme, die Energie erfasst die Klientinnen auf allen Ebenen. Es wird sogar beim Zusehen oft zu einer ganzkörperlichen Erfahrung. Dieses Empfinden kann je nach Klientin mehr oder weniger stark sein. Es kann zu körperlichen und emotionalen Reaktionen kommen.

Auch die Gruppe ist immer unterschiedlich intensiv in Resonanz mit dem gegangenen Thema. Hier werden eigene Anteile zur gegangenen Thematik aktiviert und sind für den Einzelnen stark wahrnehmbar.

*Hier und Jetzt – Präsenz, Wahrnehmung und das Höhere*

Wie bereits erwähnt, ist Präsenz eine zentrale Qualität der Leitung, ohne die das Gehen nicht funktioniert. Präsenz ist die Folge von Achtsamkeit und Bewusstheit. Sie kann nicht erzwungen werden. Je mehr Präsenz die Leitung hat, desto präsenter können die Teilnehmer sein. Das passiert automatisch und öffnet den Raum für Tiefe und Frieden. Präsenz hat unendliche Weiterentwicklungsmöglichkeiten und unbegrenzte Ausdehnung. Präsenz bedeutet, im Jetzt verankert und mit der eigenen Kraft verbunden zu sein, mit dem eigenen Potenzial. Der bekannte Autor Eckart Tolle hat darüber ein erfolgreiches Buch mit dem Titel *Jetzt! Die Kraft der Gegenwart* geschrieben.

Ist die Leitung präsent, vermittelt sie das Gefühl von Sicherheit, der Raum für das Geschehen ist da. Alle Teilnehmenden fühlen sich im Idealfall sicher und gut aufgehoben. Dies ist für die gehende Person hilfreich, da es die Voraussetzung dafür ist, dass sie sich auf den Prozess einlassen kann. Als Leitung ist es wichtig, mit voller Aufmerksamkeit beim Geschehen zu sein und achtsam mit allen Beteiligten umzugehen.

Das Gehen ist für mich eine der effektivsten Wahrnehmungsschulungen. Beim Gehen sind wir im Moment und über die ganze Zeit zu hundert Prozent präsent. Wir denken nicht an Vergangenes oder an die Zukunft. Wir schweifen nicht ab oder wechseln plötzlich das Thema. Wir lassen unserem Ego nicht den Raum und Platz, den es normalerweise einnimmt. Im Gehen stellen wir in den Dienst von etwas Höherem, eine starke wissende Kraft ist im Raum spürbar – die Kraft der Präsenz.

Im Gehen wird klar, welche Kraft und Einfachheit das Leben hat. Simpel und doch so voller Wunder und unglaublicher Möglichkeiten, die mit Worten schier nicht zu beschreiben sind. Es wird immer wieder sichtbar, welche Auswirkung es für jede Einzelne hat, wenn wir unser Menschsein etwas Höherem widmen, Vereinbarungen mit uns selbst treffen und unser Leben unserer Berufung widmen. So lehrt es auch meine Lehrerin Chameli Ardagh in der von ihr gegründeten *Awakening-Women-Bewegung*[5]. Das Gehen liefert stets Beweise für das Potenzial in der Berufung eines jeden Menschen. Es ist das Höchste, was wir erreichen können, und kann uns in der Tiefe erfüllen. Im Gehen erhalten wir kleinere oder große Einblicke und dürfen unser Potenzial ganzheitlich erfahren.

## Formen des Gehens

Beim Gehen gibt es zwei Hauptformen, die am häufigsten in der Praxis auftauchen. Dabei handelt es sich um die *prozessorientierte* und die *lösungsorientierte* Form des Gehens. Wie die Bezeichnungen verraten, geht es beim prozessorientierten Gehen um den Prozess mit einem Thema, während beim lösungsorientierten Gehen gezielt nach einer Lösung gesucht wird.

## Das prozessorientierte Gehen

Die *prozessorientierte* Form des Gehens ist mit Sicherheit diejenige, die bei den Klienten den höchsten mentalen Widerstand hervorruft. Ihr Verstand meint, dass sie ja keine Lösung haben, dass alles umsonst war, und fragt sich: Das soll nun helfen? Wie soll das jetzt weitergehen? Ich habe keine Handlungsanweisungen erhalten! Wenn ich hier schreibe »der Verstand meint«, dann spreche ich von der losgelösten mentalen Ebene des Menschen. Diese Ebene repräsentiert unsere familiären Prägungen und unsere mentalen Haltungen über das Leben im Allgemeinen.

Das prozessorientierte Gehen fordert die mentale Ebene

heraus, da sie während des Gehens nicht mit Wissen befriedigt wird. Wenn sich der Verstand nicht auskennt oder mit etwas Neuem konfrontiert wird, rebelliert er erst einmal. Er fordert Informationen ein, denn das gibt vermeintlich Sicherheit – »vermeintlich« deshalb, da dies meiner Erfahrung nach nicht den Tatsachen entspricht. Unser Verstand kann für seine Vorschläge nur aus den bereits gemachten Erfahrungen schöpfen. Er hat nicht die Kapazität zu wissen, was die Zukunft bringt. Er stellt Mutmaßungen aus seiner Erfahrung an, wie ein Computer nur die Programme starten kann, die auf ihm installiert sind. Und genau so funktioniert unser Verstand. Er liefert Zukunftsvisionen auf der Basis seines gespeicherten Repertoires. Das macht er mit einer Sicherheit und Vehemenz, dass wir schnell versucht sind, ihm zu glauben.

Die Herzqualität eines jeden Menschen ist dagegen mit dem unendlichen Feld der Schöpfung verbunden. Deshalb ist es für alle Menschen sinnvoll, so oft wie möglich auf das eigene Herz zu hören. Mehr dazu und wie du dahin kommst, kannst du im Buch *Glücklich leben – Dein Herz weiß mehr als dein Verstand* von Manfred Rauchensteiner lesen.

Beim prozessorientierten Gehen wird das Ende genau dann gesetzt, wenn der Hintergrund des gegangenen Themas »am Licht« ist, d.h., vom verborgenen Unbewussten ins Bewusstsein gekommen ist und sich alle Beteiligten klar über die Lernbotschaft des Themas sind. Das Gehen wird beendet, wenn die Energie am Gipfel ist, wenn der Spannungsbogen am höchsten ist, die Essenz gerade geboren ist. Das liefert die Antwort auf die Fragestellung, aber keinen Weg zur Lösung.

In diesem Moment dürfen die Stellvertreterinnen aus der Rolle steigen. Bist du selbst gegangen, beendest du hier das Gehen. Der Prozess ist damit allerdings noch nicht beendet, im Gegenteil, die Schubkraft der Transformation ist hier ungleich höher als bei einem lösungsorientierten Ende.

Wir haben in diesem Fall zwar keine Lösung erhalten, aber einen Impuls. Nun gilt es, Vertrauen zu haben, dass das Leben bessere Lösungen hat, als wir uns vorstellen können. Durch den Umstand, dass die Hintergründe der Thematik jetzt im Bewusstsein sind, ist die Lösung schon im Gange. Wir (unser Verstand) wissen nur nicht, wie diese im eigenen Leben aussehen wird und wie sie sich zeigen wird.

Als Leitung solltest du das prozessorientierte Ende nur anwenden, wenn es dir wirklich entspricht. Denn fast immer braucht es eine Standfestigkeit in der Argumentation gegenüber den Klienten oder Seminarteilnehmerinnen. Für diese fühlt sich das Ende unfertig an, vieles ist in den Körperbewusstseinsebenen in Aufruhr und das ist für den Klienten und die Seminargruppe stark wahrnehmbar. Für das prozessorientierte Ende ist das ein gutes Zeichen, denn nach dem Chaos kann sich vieles im gesamten Körper- und Energiesystem neu ordnen. Nur unser Verstand weiß nicht so recht, wie ihm geschieht.

Es gibt keine festen Regeln, welches Thema sich mehr oder weniger für den einen oder anderen Ansatz eignet, es ist die Herangehensweise der Leitung, die das entscheidet oder vorgibt. Ich mag den prozessorientierten Ansatz sehr.

---

**Fallbeispiel 8: Glück**

Thema: Glück. Das Ziel ist es, dass jeder Teilnehmer von der Geherin des Glücks besucht wird und dadurch eine Begegnung mit seinem individuellen Glück hat.
Setting: Eine Geh-Dich-Frei-Seminargruppe
Stellvertreterin: Eine Teilnehmerin geht das Glück.
Quelle: Aufgezeichnete Ausschnitte aus einer abgewandelten Geh-Übung mit prozessorientiertem Ende für die gesamte Seminargruppe.

---

Die Teilnehmerin steigt in die Rolle ein und sagt: »Ich bin das Glück dieser Gruppe.« Sie geht im Kreis und fühlt, dass so unheimlich viel da ist. Sie ist überwältigt und weiß, dass diese Fülle oft nicht wahrgenommen wird. Sie bekommt den Auftrag, intuitiv vor einzelnen Personen stehen zu bleiben, damit sie ihrem individuellen Glück begegnen können.

Sie bleibt bei Petra stehen und beide warten. Das Glück sagt zu ihr: »Bitte wiederhole täglich öfters den Satz: Ich bin die glänzende Schönheit.« Petra tut sich sehr schwer mit dieser Aussage. Sie kann den Satz sagen, aber sie fühlt ihn nicht.

Das Glück geht weiter und bleibt nach einiger Zeit bei Karin stehen. Das Glück meint: »Vertraue deiner Intuition zur Gänze.«

Die Stellvertreterin geht einmal eine Runde im Kreis und bleibt bei Manuela stehen und sagt: »Ich bin hinter dir, lass mich in dich einfließen.« Sie ließ das Glück in ihrer Vorstellung in Manuela einfließen, Manuela stimmte dem zu und empfing die Energie von Glück. Es war sichtbar, wie beide ohne Worte erstrahlten.

Das Glück begibt sich zur nächsten Person, zu Sonja, und sagt: »Stell beide Beine auf den Boden. Du spürst, dass ich da bin. Ich bin immer da, lass es zu! Erinnere dich, indem du während des Tages öfter die Beine auf den Boden stellst.«

Weiter geht es zu Rosemarie und da öffnet die Stellvertreterin die Arme weit: »So viel, so breit, Freiheit, Wasser, ich spüre den Wind und die Wellen, ich bin ein Freigeist.« Beide tauchen ein in diese Erfahrung.

*Das Glück geht weiter zu Daniela und lacht: »Lass den Schabernack in dir wach werden, lebe ihn für dich und vor allem – gib ihm Platz in deinem Leben!«*

## Das lösungsorientierte Gehen

Die lösungsorientierte Form des Gehens ist die am meisten praktizierte Form. Das Thema wird gegangen, bis eine Lösung sichtbar wird. Es gibt sozusagen einen Bogen, der einen Beginn, eine Hauptaussage, eine Klärung bzw. Erkenntnis und ein schönes, friedvolles Ende hat. In der Regel ist eine Energie des Friedens, der Liebe und der Ruhe im Raum wahrnehmbar.

Das Gehen kann dabei in einem Prozess passieren oder in aufeinander folgenden Geh-Sequenzen. Die Klientin sieht und erfährt die Lösung der Thematik auf allen Körperbewusstseinsebenen. Wichtig ist es, der Klientin gegenüber zu erwähnen, dass der vom Stellvertreter gegangene Weg zur Lösung dann von der Klientin im Leben zu gehen ist. Durch das Gehen im Feld wird die Energie in Bewegung gebracht, das persönliche Feld der Klientin ist informiert, der Verstand hat Wissen und Einsicht und blockiert somit nicht (mehr). All das erleichtert den anstehenden Veränderungsprozess ungemein. Manche Menschen sprechen dann davon, dass alles wie von selbst passiert. Durch die Information des persönlichen wissenden Feldes liefert das Leben Möglichkeiten und Gelegenheiten – hier heißt es im Vertrauen zu handeln. Falls die Klientin nach einem Gehen aus irgendeinem Grund nicht handelt, drängt die Energie massiv.

Etwas bildhafter beschrieben kann das so aussehen: Du willst ein zum Stehen gekommenes Auto reparieren, da du ahnst, dass es schön wäre, damit durch die Landschaft zu fahren. Dies repräsentiert die Absicht, etwas verändern zu wollen.

Du gibst dich nun dem Reparaturprozess hin und konsultierst dazu Spezialisten, denn du willst fahren. Du weißt noch nicht, wie es sein wird, das Auto zu lenken. Du weißt noch nicht, wohin die Reise gehen wird, du hast lediglich eine Ahnung von der Richtung. Gemeinsam mit dem Spezialisten findest du schließlich verborgene Defekte und dann ist das Auto endlich fahrtüchtig. Du testest es gemeinsam mit dem Spezialisten. Ihr fahrt zu zweit eine Strecke und erfahrt das neue, tolle Fahrgefühl. Der Spezialist bespricht mit dir die wichtigen Details und übergibt dir das Auto. Das repräsentiert den *Geh-Dich-Frei*-Prozess.

Und nun bist du allein mit dem fahrenden Auto und am Anfang vielleicht etwas verunsichert. Du hast nun zwei Handlungsmöglichkeiten. Die erste Möglichkeit ist, dich auf die gemachte Erfahrung einzulassen, dich an deine Sehnsucht zu erinnern und trotz der aufkommenden Unsicherheit einzusteigen und loszufahren. Du kannst täglich neue Strecken erkunden und im Lenken des Autos und Erkunden neuer Strecken immer sicherer werden. Du kannst dich der neuen Möglichkeiten erfreuen und neue Landschaften erkunden, neue Wege wählen. Dein Auto funktioniert. Das repräsentiert einen Prozess des Gehens, dem eine Handlung folgt.

Die zweite Möglichkeit ist, dass die Vorstellung, das neu reparierte Auto lenken zu müssen, dich Angst und Unsicherheit verspüren lässt. Dir fällt ein, dass du die Straßen nicht kennst und du schon lange kein Auto mehr gelenkt hast. Du erinnerst dich nicht mehr an deine Sehnsucht. Du erinnerst dich an die ruhige Zeit ohne das Auto. In dieser Zeit hast du keine Angst verspürt, alles war so sicher und gut. Also entscheidest du dich, nicht mit dem Auto zu fahren, das verschiebst du auf später. Doch das alte Lebensgefühl stellt sich nicht wieder ein, da du jeden Tag das Auto vor der

Tür stehen siehst. Du stellst das Auto weg, doch immer wieder stößt du darauf. Du willst es in den alten Zustand bringen. Du verwendest deine gesamte Energie darauf, es wieder zum Stehen zu bringen, du willst die Reparatur rückgängig machen. In diesem Tun ist deine Aufmerksamkeit ständig beim zu fahrenden Auto, doch du fährst nicht, du stehst. Du fühlst dich nicht gut, da du weder genüsslich fährst noch die alte, sichere Situation vor der Reparatur hast. Dies repräsentiert die Situation, wenn dem Gehen keine Handlung folgt.

Wichtig zu erwähnen ist auch noch, dass die im Gehen gezeigte Lösung eine Möglichkeit der Lösung ist. Es kann durchaus sein, dass sich die Situation anders auflöst oder in Bewegung kommt. Klientinnen erzählen mir, dass alles ganz anders gekommen ist und sie sehr überrascht waren. Es kommt mit Sicherheit nach jedem Gehen Bewegung ins Leben, es kann jedoch anders kommen als erwartet. Durch den lösungsorientierten Ansatz produziert unser Verstand allerdings keinen Widerstand gegen die Veränderung, da er eine Vorstellung erhalten hat, wie die Lösung aussehen wird. Er erwartet diese Lösung nun, ist möglicherweise nur etwas irritiert, wenn es zu einer anderen Lösung kommt.

*Arten des Gehens*
Ich habe bereits viele Beispiele und Fälle geschildert, möchte aber hier erneut einige Arten des Gehens genauer vorstellen. Das sind Arten, die erfahrungsgemäß am häufigsten in der Praxis vorkommen oder die doch ein bisschen anders im Ablauf sind, sodass sich eine genauere Beschreibung lohnt.

*Gehen von Entscheidungen:* Wenn Entscheidungen gegangen werden sollen, werden die bevorstehenden Entscheidungen jeweils einzeln auf kleine, gleich aussehende Zettel geschrieben. Diese werden dann zusammengefaltet und so gemischt, dass niemand wissen kann, was darauf steht. Nun steigt ein Stellvertreter oder die Fragestellerin selbst in die Rolle ein und sagt: »Ich bin jetzt die Konsequenz der Entscheidung, die hier auf dem Zettel steht.« Das Ergebnis ist oftmals kein klares Ja oder Nein, aber es zeigt deutlich die Konsequenzen der Entscheidung auf, mit denen zu rechnen ist. Wir sollten an dieser Stelle jedoch bedenken, dass sich die Seele, also die spirituelle Ebene, oftmals nicht für die einfache Variante entscheidet. Die Seele freut sich, den richtigen Weg zu gehen, den Weg, auf dem sie etwas erfahren oder lernen kann.

Ich finde diese Herangehensweise gerade für schwerwiegende Entscheidungen, wie einen Hauskauf, einen neuen Job, Veränderungen im Betrieb oder Übergabe von Haus oder Firma, hervorragend, da man von außen auf das bevorstehende Ereignis blicken kann. Gleichzeitig kann man sich mit den Herausforderungen der jeweiligen Entscheidung im Vorfeld befassen und blickt dem künftigen Weg gefasster ins Auge.

*Gehen eines Themas für eine Gruppe:* Diese Art des Gehens ist für viele Bereiche geeignet. Hier können alle Teilnehmerinnen bzw. die ganze Gruppe das gleiche Thema gehen. Es gehen z.B. alle eine Qualität wie Vertrauen oder Mut oder ein Thema wie »mein inneres Kind«, »meine Freude«, »meine Freiheit«, »mein Körper«, »mein Selbstwert« usw. Den Themen sind kaum Grenzen gesetzt. Bei dieser Art des Gehens gehen alle Personen ein Thema eine bestimmte Zeit lang. Hier kann es zu Interaktionen der Teilnehmerinnen kommen. Gibt es Zuschauer, breitet sich die Energie des Themas auch auf sie aus. Die Gehenden und das Publikum werden z.B. mit ihrem Vertrauen und ihrem Mut konfrontiert. Es erlaubt ihnen, eine Erfahrung mit der eigenen individuell gegangen, Qualität zu machen. Sie kommen so z.B. in Kontakt mit dem eigenen Mut oder dem eigenen Vertrauen.

*Gehen zur ganzheitlichen Erfahrung einer Qualität:* Die Leitung stellt sich als eine Qualität, die sie der Gruppe nicht verrät, in die Mitte des Kreises bzw. Raumes. Ich schalte dazu gerne Musik ein. Die Gruppe wird nun aufgefordert, aufzustehen und sich rund um die Qualität zu positionieren. Jede Person spürt die Auswirkung der Qualität auf sich selbst. Oftmals löst die verdeckte Qualität erstaunlich ablehnende Reaktionen aus, manchmal aber auch genau das Gegenteil, nämlich erstaunlich positive Erfahrungen. Die Leitung stellt der Gruppe während der Übung Fragen, wie:

- Welche Empfindungen nimmst du im Körper wahr?
- Ist eine Enge, ein Druck, eine Weite, ein Kribbeln usw. im Körper wahrnehmbar?
- Gibt es eine Sehnsucht, sich der Qualität anzunähern?
- Welche Emotionen werden durch die Qualität in dir ausgelöst?
- Was müsste passieren, damit du dich der Qualität annähern kannst?
- Was nimmst du in deinem Körper und in der Nähe wahr und was aus der Distanz?

Nach einer gewissen Zeit löst die Leitung das Rätsel auf und jede Person erfährt nun, dass sie z.B. ihrem Mut gegenübersteht. Die Erfahrung aus dieser Übung ist meistens sehr erkenntnisreich.

Als Erweiterung kann ein Gehen der gesamten Gruppe angeschlossen werden. Jeder Teilnehmer geht nun seinen eigenen Mut, indem er sagt: »Ich bin jetzt mein Mut.« Dazu stellt die Leitung während des Gehens Fragen. Hier einige Beispiele für Fragen und Anleitungen:

- Wenn dein Mut sprechen könnte, was würde er dir schon lange sagen wollen?
- Wie viel deines Mutes lebst du bereits? Nenne für dich eine Zahl auf der Skala zwischen 1 und 100.
- Was wünscht sich dein Mut?

- Mache deinen Mut so groß wie möglich und spüre in deinem Körper nach, wie du dich jetzt fühlst.
- Wo im Körper nimmst du eine Veränderung wahr? Gehe mit der Aufmerksamkeit zu dieser Körperwahrnehmung hin. Was ist an dieser Körperstelle wahrnehmbar? Es kann eine Farbe sein, ein Wort, ein Satz, ein Bild, ein Klang etc. Mach keinen Druck, es *muss* gar nichts sein, möglicherweise kommt etwas im Traum zu dir, durch Freundinnen oder Kinder, bleibe offen. Bleibe mit der Aufmerksamkeit an dieser Körperstelle und nimm die Energie an der Stelle wahr. Dann mache es (egal was da wahrnehmbar ist oder nicht) größer! Dehne den Raum aus, das Bild aus, den Klang aus ... dehne das Nichts aus! Mache es so groß wie möglich. Bleibe mit der Aufmerksamkeit nach wie vor an dieser Stelle und nimm weiter wahr. Versuche nichts zu verändern und mache keinerlei Druck, bleib einfach mit deiner Aufmerksamkeit präsent.

Diese Übung kann weiter ausgedehnt werden, z.B. durch das Gehen in der Natur. Es kann auch freie Zeit gegeben werden, in der Erkenntnisse festgehalten werden können.

Eine weitere Variation kann ein gemeinsames Darstellen der Qualität sein. Jede Person stellt für die anderen sichtbar ihren Mut dar. Dazu wird bewusst übertrieben und Stimme und Körper kommen zum Einsatz.

Das Gehen einer Qualität in der Gruppe kann sehr leicht für Schulkinder oder Kindergartenkinder abgewandelt werden. Für Kinder ist das Eintauchen in Energien nicht fremd, da sie dies aus der Welt des Spielens kennen. Wenn Kinder spielen, *sind* sie das, was sie spielen. Das lässt sich gut beobachten, wenn man ihnen dabei zusieht. Vielleicht erinnerst du dich noch an deinen Kaufmannsladen oder das Spielen mit Barbie und Ken.

*Das Gehen kollektiver Themen:* Alle Themen, die keine individuell persönlichen Themen sind und außerdem im Interesse der Allgemeinheit stehen, sind kollektive oder auch allgemeine Themen. Die Palette der allgemeinen Themen ist riesig, Beispiele dafür sind: Staaten, Bundesländer, Orte, Kraftplätze, berühmte Persönlichkeiten, Trinkwasser der Erde, Gaia (Mutter Erde), das örtliche Schulsystem, das Verhältnis von Männern und Frauen, Gott und die Kirche, die Transformation der Kirche, politische Krisenherde dieser Welt, Geld und Finanzen, Energien der Planeten ... Diese Liste lässt sich endlos fortführen, je nach Interesse der Gruppe. Wir haben schon sehr eindrucksvolle und erstaunliche Erfahrungen durch das Gehen von kollektiven Themen gesammelt.

Der Ablauf ist nicht anders als bei jedem anderen Gehen. Eine Person geht das Thema und es gibt eine Leitung. Es ist wichtig, dass das Thema eindeutig formuliert und für die gesamte Gruppe klar verständlich ist. Ist dies nicht der Fall, kann das Ergebnis für die Gruppe unklar und unverständlich sein.

Da wir alle Teil des Kollektivs sind, haben alle allgemeinen Themen etwas mit jedem einzelnen Menschen zu tun. Der Unterschied zum Gehen einer Qualität für die Gruppe auf der individuellen Ebene ist, dass die Begegnung jedes einzelnen Gruppenmitgliedes mit der Qualität ausbleibt.

*Stellvertretendes Gehen eines Themas für die gesamte Gruppe:* Dieser Ansatz gibt einen kurzen Einblick in ein bestimmtes Thema, das Ende ist klar prozessorientiert. Es wird die Essenz eines bestimmten Themas und die darin enthaltene Aufgabe ins Bewusstsein gebracht und der Rest wird dem folgenden Prozess überlassen.

Eine Person wird als Stellvertreterin für ein Thema für die gesamte Gruppe ausgewählt. Sie steigt in die Rolle ein, indem sie sagt: »Ich bin die Finanzen der Gruppe.« Sie geht und erzählt von ihrem Erleben als Finanzen der gesamten Gruppe. Nach einigen Minuten wird sie angewiesen, sich ihrer Intuition nach zu einer einzelnen Person in der Gruppe zu bewegen.

Sie macht dies, bleibt vor einer Person stehen und stellt von diesem Augenblick an ihre Finanzen dar. Die Person begegnet ihren Finanzen so auf einer anderen Ebene als im täglichen Leben und bekommt Hinweise, welche Aufgaben in dieser Thematik anstehen, um alle Möglichkeiten ausschöpfen zu können. Die Hinweise bestehen für die Personen nicht nur aus den gesprochenen Worten, sondern sind vielmehr eine ganzkörperliche Erfahrung. Das ist die Besonderheit dieser Methode.

## Legungen als Klärungshilfe bei unendlich vielen Möglichkeiten

Legungen sind eine Weiterentwicklung des Gehens, entstanden aus Gründen der Effektivität und aufgrund der Unmöglichkeit, eine große Menge an Möglichkeiten durch ein einzelnes Gehen zu bearbeiten. Dieser Ansatz ist in der Projektarbeit und der Arbeit mit Firmen entstanden. Hier sind oftmals viele anstehende Entscheidungen zu treffen oder es gibt eine große Auswahl an Produkten, für die eine Auswahl zu treffen ist.

Als Setting ist für diesen Ansatz eine Gruppe von mindestens fünf Personen notwendig. Die Personen müssen keine Geh-Erfahrung mitbringen, da die Legung durch eine kompetente Leitung geführt wird. Sie sollten lediglich offen für eine Wahrnehmungsübung sein.

Die Klientin oder die Firma sollte sich folgendermaßen vorbereitet haben: Es werden alle anstehenden Entscheidungen und möglichen Umstrukturierungen jeweils auf einzelne Post-its oder kleine Notizzettel geschrieben, die anschließend gefaltet werden. Die Zettel sollten möglichst identisch sein – am besten stammen sie von dem gleichen Block und unterscheiden sich nicht in Farbe und Größe. Das Thema der Legung wird im Vorfeld nur mit dem Leiter besprochen, nicht vor der gesamten Gruppe. Privatpersonen schreiben ebenfalls alle momentan anstehenden privaten Entscheidungen auf einzelne Zettel.

Anschließend wird der Raum vorbereitet. Die Mitte des Raumes muss leer sein. Es werden zwei Grenzen gezogen, indem im Süden ein Zettel mit der Zahl 100 und im Norden ein Zettel mit der Zahl 0 platziert werden. Die Zahlen sind notwendig, da bei Legungen mit Prozenten gearbeitet wird. Innerhalb dieser Markierungen platzieren die Teilnehmer ihre Zettel. Zettel dürfen auch über und unter den Grenzmarkierungen aussortiert werden. Wenn sie zum Beispiel unter die Nullbegrenzung gelegt werden, bedeutet das in diesem Fall, dass die auf dem Zettel notierte (verdeckte) Möglichkeit nicht relevant ist. Wenn Zettel außerhalb der Hundert-Prozent-Marke hingelegt werden, werden sie als »über das Ziel hinaus« bezeichnet. Diese Zettel werden gesondert besprochen.

Die Klientin bleibt während der Legung neben der Leitung sitzen. Die gesamte Gruppe steigt einmal oder öfter in folgende mögliche Rollen ein:

- Ich bin potenzieller Kunde von Firma E.
- Ich bin das Projekt »Name«.
- Ich steige ein in das wissende Feld von »Name einer Privatperson«.

Die Zettel dürfen so lange verändert werden, bis es in der Gruppe ruhig wird und alle halbwegs mit dem Ergebnis zufrieden sind. Manchmal gibt es in der Gruppe keine hundertprozentige Zufriedenheit, in dem Fall werden die Zettel noch geringfügig verändert, um eine bestmögliche Einigung zu erzielen.

Am Ende jeder Legung werden die Ergebnisse niedergeschrieben und die gelegten kommen wieder zu den aussortierten Zetteln. Das genaue Aufschreiben der Ergebnisse mit einer Prozentzahl ist besonders wichtig, da unser Verstand ansonsten dazu neigt, das Ergebnis zu verzerren bzw. zu vergessen.

Bei der Auswertung der Ergebnisse stützt man sich auf die Prozentzahlen, die die Wichtigkeit der entsprechenden Möglichkeit auf dem Zettel anzeigen. Bei der Legung von potenziellen Kunden drücken die Prozentzahlen den Grad der Wichtigkeit dieses Angebots oder dieses Schrittes aus. Wenn z.B. ein Produkt wie Rosenöl auf dem Zettel steht und dieser bei zehn Prozent liegt, dann heißt das: Zehn Prozent der potenziellen Kunden interessieren sich für dieses Angebot der Firma. Die Kunden-Legung gibt also Auskunft darüber, was potenzielle Kunden suchen. Dieser Ansatz ist wunderbar geeignet für angehende Ein-Personen-Unternehmen (EPUs). Die Legung gibt Auskunft über die Wichtigkeit der einzelnen Angebote.

Die Legung des wissenden Feldes stellt immer einen Weg dar, der von der Zahl 0 in Richtung der Zahl 100 geht. Hier ist der Weg wieder schriftlich festzuhalten, vor allem sind auch die leeren Wegabschnitte wichtig, denn diese stehen für Pausen, meistens Arbeitspausen. Die aus der Legung rausgefallenen Zettel bedeuten, dass diese Möglichkeiten für diesen nächsten Lebensabschnitt nicht von Bedeutung sind. Das bedeutet aber nicht, dass sie nie mehr von Bedeutung sein werden.

Um die Methode anhand eines Beispiels zu zeigen: Wenn in einer Legung für potenzielle Kunden einer Praxis der Zettel *Geh-Dich-Frei*-Ausbildung bei vierzig Prozent liegt, heißt das, dass vierzig Prozent der potenziellen Kunden gerne eine *Geh-Dich-Frei*-Ausbildung in dieser Praxis und bei dieser Person absolvieren würden.

Liegt derselbe Zettel bei einer Legung des wissenden

Feldes für Barbara K.s persönlichen Weg wieder ungefähr in der Mitte des Abschnitts, heißt das, dass Barbara diese Ausbildung lediglich für sich als Person absolvieren sollte. Wenn der Zettel, wie in diesem Beispiel, auch im Kundenbereich liegt, dann sollte sie *Geh-Dich-Frei*-Ausbildungen später auch in ihrer Praxis anbieten. Würde der Zettel allerdings nur in der Legung des wissenden Feldes liegen, dann hieße das, dass sie diese *Geh-Dich-Frei*-Ausbildung für sich privat als Persönlichkeitsentwicklung machen sollte.

Wie ist nun mit den bei der Legung gewonnenen Ergebnissen umzugehen? Wichtig ist, dass das Feld informiert wurde. Für manche ist das Feld während einer Legung stark körperlich wahrnehmbar.

---

**Fallbeispiel 9: Legung**

Hier ein Beispiel dazu, wie es aussehen kann, wenn das Feld informiert ist und die Dinge »im Gange« sind:

*Einem Mann wurden bei einer Legung alle Zettel weggeräumt, sein gesamter Raum war leer, die Zettel lagen draußen. Alle Teilnehmer waren einstimmig und ganz klar der Meinung, es dürfe kein Zettel in das Feld. Meine Frage als Leiterin war, ob etwas fehle, dies wurde klar verneint. Es fehle nichts und es war Auszeit angesagt, und zwar für mindestens drei Monate. Der Klient war »etwas schockiert«. Er meinte: »Das wäre schön, aber wie soll ich das meinem Chef erklären? Mir fehlt eindeutig eine Idee dazu.« Bei so einem Ergebnis ist es aber nicht nötig, gleich eine Handlung zu setzen. Das Beste und Wichtigste ist zu warten, wie das Leben reagiert, und dann erst aktiv zu werden. Das tat er. Und er bekam innerhalb kürzester*

---

*Zeit ein überraschendes Angebot: einen Jobwechsel innerhalb der Firma mit mehr als drei Monaten Pause dazwischen! Jetzt wurde er aktiv, indem er die Konditionen vereinbarte und zusagte – es war einfach. An diesem Beispiel ist vielleicht zu erkennen, was mit warten und zur richtigen Zeit reagieren gemeint ist.*

*Natürlich kann sich jeder Mensch auch bewusst gegen etwas entscheiden, dafür ist es gut, wenn man bewusst die Verantwortung für die eigene Entscheidung übernimmt. Denn würde man auf das Jobangebot nicht reagieren, da der Verstand viele Argumente dagegen liefert, dann ist die erste Gelegenheit vorbei und es ist notwendig, auf das nächste Angebot des Lebens zu warten.*

*Wie wir bereits wissen und oft erfahren durften, hat jede Entscheidung Konsequenzen – für dich und dein Umfeld –, egal ob wir sie bewusst oder unbewusst getroffen haben. Bewusstheit und Eigenverantwortung lindern jedoch die Härte im Leben. Wenn du also eine bewusste Entscheidung gegen die gezeigte Aufgabe triffst und dafür auch die Verantwortung übernimmt, hat das vermutlich leichtere Konsequenzen. Das Leben selbst ist nicht mehr aufgerufen, dir dein unbewusstes Handeln vor Augen zu führen.*

Um noch ein weiteres Beispiel zu nennen: Private Veränderungen haben berufliche Konsequenzen. Falls eine private Entscheidung, wie z.B. Schwierigkeiten in der Beziehung oder eine Trennung, in der Legung der potenziellen Kunden auftaucht, dann heißt das, dass die Klientin sich mit dieser Thematik eingehend beschäftigen und *nicht* einfach nur eine Trennung vollziehen sollte.

Die Leitung sollte bei der Legung klar und gut struktu-
riert sein und sehr bewusst in ihrer Rolle als Leitung sein.
Denn es kann sein, dass die Gruppe aufgewühlt oder sehr
chaotisch ist. Die Gruppe spiegelt am Beginn das Energiesystem des Klienten wider. Ist der Klient chaotisch, ist es
die Gruppe auch, stehen viele unterschiedliche Positionen im
Raum, zeigt es die Gruppe an, fehlt etwas, wird es die Gruppe merken und ebenso, wenn etwas noch nicht reif ist. Es gilt
hier für die Leitung, bewusst den Raum für das Geschehen
zu halten und durch Fragen Struktur in das Geschehen zu
bringen.

Es ist wichtig, nach jeder Legung die Ergebnisse eindeutig darzustellen und zu erklären. Wichtig ist auch, den Klienten die Ergebnisse niederschreiben zu lassen, da sie sonst
nicht in Erinnerung bleiben. Und wichtig ist es ferner, dass
die Leitung folgende beachtenswerte Tatsachen im Zusammenhang mit Legungen erwähnt: Die Ergebnisse stellen sich
im Leben für uns Menschen als Herausforderungen dar, die
auf den ersten Blick nicht sichtbar sind. Das ist deshalb so,
da sich in der Legung Teile unseres Weges und Potenzials
verbergen. Das heißt, alle Schritte, die wir in diese Richtung
machen, können sich als Herausforderung anfühlen. Die
Seele freut sich allerdings über die Entwicklung. Das sollte
den Klientinnen weitergegeben werden, denn es kann sein,
dass sich die ganze Gruppe während der Legung zwar freut,
es im Leben jedoch zu Schwierigkeiten kommt, da wir Menschen oft Probleme mit Veränderungen haben.

Würden wir entscheiden, dass Veränderungen erstre-
benswert sind, dann würden wir vieles im Leben nicht als
Herausforderung wahrnehmen. Würden wir entscheiden,
dass wir keine Angst haben, weil wir immer unterstützt
sind, dann würden viele von uns ihren Weg einfacher finden
und einschlagen.

*Geh-Meditationen*

Eine weitere Art des Gehens – und diese kann allein und ohne Leitung gegangen werden – ist die Geh-Meditation. Die Geh-Meditation ist ein angeleitetes Gehen einer eigenen Rolle. Es wird zum Beispiel das eigene Vertrauen gegangen. Dieser Kontakt und die Erfahrung mit dem eigenen Vertrauen vertiefen die Beziehung zu dieser Qualität. Wir lernen uns immer tiefer und neu kennen. Es kann Vertrauen aufgebaut werden, ein Vertrauen, dass du dir selbst mehr und mehr schenkst.

Geh-Meditationen sind durch die wiederholten Anwendungen in der Praxis entstanden. Es gibt Geh-Meditationen zu Qualitäten wie z.B. Vertrauen, Mut, Freude usw. und sie sind auf mp3-Files aufgenommen und auf meinem Blog zum Download verfügbar.

Dadurch können sie zu Hause, im Alltag und in der Natur zur Anwendung kommen und machen ein Eintauchen in das eigene Potenzial jederzeit möglich. Ich empfehle, diese Meditationen in gewissen Abständen immer wieder anzuwenden. Sie werden bei jeder Wiederholung anders erlebt.

Einen Erfahrungsbericht zur Magie der Geh-Meditation hat Doris hier geteilt:

---

**Fallbeispiel 10: Erfahrungsbericht Geh-Meditation**
Thema: Vertrauen
»Klientin«: Doris
Setting: Doris' Zimmer
Erster Versuch:

*Meine erste Geh-Meditation mit dem Ziel, mehr Vertrauen in mich und meinen Weg zu haben, war eine sehr besondere und außergewöhnliche Erfahrung.*

*Den Anleitungen der Meditation folgend stand ich*

---

*in der Mitte des Raumes und machte den ersten Schritt mit den Worten: »Ich bin jetzt mein Vertrauen.« Bei diesem einen Schritt blieb es auch. Richtig, ich konnte keinen weiteren Schritt machen. Durch die Anleitung, den eigenen Empfindungen zu folgen, zwang ich meinen Körper nicht zu einem Schritt, den er nicht tun wollte, obwohl mein Verstand sagte, ich solle doch gehen.*

*Ich stand also in der Mitte des Raumes, mein Blick ging zu Boden und ich bekam ein Gefühl von Trauer und Wut, das immer intensiver wurde. In der Folge ballte ich beide Hände zu Fäusten und schüttelte bzw. schlug mit schnellen Bewegungen auf und ab. Mit diesen Bewegungen drückte ich meine Wut und Trauer aus und zugleich hatte ich das Gefühl, diese auch abzuschütteln.*

*Erst als in der Meditation die Anleitung kam, mich als mein Vertrauen groß zu machen, wurde ich ruhiger und Wut und Trauer ließen langsam nach. Mit tiefen Atemzügen brachte ich meinen Körper in eine aufrechte Haltung und hob zugleich langsam den Blick.*

*Meine erste Geh-Meditation war also eher eine Stehmeditation und ich war ehrlich gesagt schon sehr betroffen, zu sehen und zu spüren, wie schlecht es um mein Vertrauen stand.*

*Zweiter Versuch:*

*Dennoch, oder gerade deswegen, wagte ich es wenige Tage später ein zweites Mal. Zu meiner Überraschung konnte ich diesmal gleich zu Beginn der Meditation Schritte machen, wenn diese auch sehr klein und eher schleppend waren. Auf die Frage, was ich bzw. mein Vertrauen braucht, kam der Im-*

puls, meinen Körper und besonders den Brustkorb zu streicheln. Ich sprach laut, dass ich meinem Körper traue, auf ihn höre, seine Signale wahrnehme, auf ihn achte und ihn wichtig nehme. Besonders wenn ich mich als Vertrauen groß machte, wurde mit jedem Schritt mein Gang aufrechter und immer leichter.

Ich wiederholte diese Meditation insgesamt sechsmal, bis zuletzt Trauer und Wut ganz verschwanden und sich mit jedem gemachten Schritt stattdessen Freude und Leichtigkeit einstellten. In den letzten zwei Meditationen waren meine Bewegungen beschwingt und ich tänzelte bereits meine Runden. Wenn ich mein Vertrauen groß machte und dabei meine Arme weit ausbreitete, dann hatte ich das Gefühl, mein Körper wäre grenzenlos, bis ins Universum reichend – ein schönes Gefühl!

In meiner sechsten und letzten Meditation sah ich plötzlich viel Neues und Schönes, das mich umgab, ich empfand Begeisterung, Interesse, war neugierig.

Ich ging beschwingt und locker meine Runden, öffnete, meinem Impuls folgend, das Fenster und blickte voller Erstaunen in den wunderschön leuchtenden Sternenhimmel. Es war ein Moment, in dem ich große Freude und tiefe Dankbarkeit empfand.

Meine Erfahrungen und Erlebnisse in dieser Meditation versetzen mich auch heute noch in großes Staunen und ich hätte einen derartigen Wandel weder erwartet noch für möglich gehalten. Gerade deswegen bin ich überrascht, wie jetzt auch in meinem Leben ein Wandel stattfindet – schrittweise.

Liebe Regina, mit deiner Meditation hast du all

*das erst möglich gemacht. Dafür möchte ich dir
aufrichtig Danke sagen.*

*Doris*

## Schritt 3: Abschluss des Gehens

Auch zum Beenden des Gehens und zur Verwirklichung der
Ergebnisse im eigenen Leben gibt es einige bewusste Schritte zu tun. Zunächst wird das Gehen selbst bewusst beendet
und die Rolle verlassen.

*Beenden des Gehens*

Ich als Praktizierende verlasse bewusst jede Rolle, die ich für
jemand anderen gehe, und ich halte auch die Stellvertreterinnen dazu an. Ich selbst vollziehe den Ausstieg aus der Rolle,
indem ich sage: »Ich bin wieder ... (eigener Name).« Wenn
ich eine verdeckte Rolle gehe, gebe ich den Zettel weg und
wiederhole das Ritual, das oben beschrieben wird: »Ich bin
wieder ... (eigener Name).« Beim verdeckten Gehen ist es
sehr wichtig, den Rollenzettel bewusst wegzulegen. Es kann
sonst passieren, dass es schwerfällt, die Rolle zu verlassen,
da man immer noch den Zettel mit der Energie der Rolle
mit sich herumträgt. Das Gleiche gilt für das Gehen kollektiver Rollen, auch da ist es wichtig, bewusst aus der Rolle
auszusteigen.

Wenn ich jedoch eine eigene Rolle gehe, verlasse ich
diese *nicht*! Ich steige nicht aus der Rolle aus, das wäre kon-
traproduktiv, da ich das Gegangene – und damit für mich
Erarbeitete – wieder verlassen würde. Ich würde einen Teil

meiner Erfahrung also freiwillig wieder abgeben. Diese Rollen sind ein Aspekt deiner komplexen Persönlichkeit, der in dein Bewusstsein gebracht wurde.

Wichtig ist es, nach dem Ausstieg aus der Rolle und dem Beenden des Geh-Prozesses auf die sogenannte Erstverschlechterung hinzuweisen, die auch bei anderen alternativen Herangehensweisen möglich ist. Bei der Erstverschlechterung verstärken sich vorhandene Symptome und Gefühle vorerst, was zum Beispiel daran liegen kann, dass einiges im Körper in Bewegung kommt. Das ist spürbar und bedarf einer Integrationszeit. Man kann sich das so vorstellen, dass z.B. Denkmuster, emotionale Sicherheiten und auch Körpermuster durcheinandergewirbelt werden und dieses Chaos sich erst neu ordnen muss. Beruhigt sich die Lage nach einigen Tagen, und zwar maximal einer Woche, nicht, sollte man noch einmal mit der Fragestellung gehen, was es braucht, damit sich eine Beruhigung einstellt. Das kommt sehr selten vor, fast immer verschwinden die körperlichen Beschwerden im erwähnten Zeitraum. Auf jeden Fall sollte man den Klienten für die Nachbereitung zur Verfügung stehen, es ist wichtig für sie, dass sie sich telefonisch jederzeit melden können, wenn sie etwas beunruhigt.


*Essenz und Lösung*

Ganz wichtig für die Nachbereitung sind die Essenz des Gehens und die Lösung, denn man geht schließlich, um eine Erkenntnis und damit die Essenz einer Thematik und eine Lösung zu erreichen. Es ist die Aufgabe der Leitung, auf die Essenz des Themas – in anderen Worten die zentrale Aussage, den Kern, die Lösung oder die alles umfassende Antwort auf die Fragestellung – zu achten.

Des Öfteren ist es so, dass der Klient die Essenz nur teilweise oder eben nicht als Kern der Sache erfasst. Das ist deshalb so, weil wir durch das Gehen alle Ebenen des Körperbewusstseins in Bewegung bringen. Von Klienten wird dieser Zustand oft als Verwirrung oder Nichtverstehen beschrieben. Manchmal sagen Klienten auch, sie würden sich nicht auskennen.

Ich empfehle der Leitung, die Klientin zu fragen, was sie aus dem Gehen mitgenommen hat. Nach ihrer Antwort kann noch einmal über die zentrale Aussage gesprochen werden. Es reicht allerdings, diese einmal zu erläutern, da es möglich ist, dass die Klientin sie erst später oder überhaupt nur zu einem Bruchteil erfassen kann.

Es gilt hier, Akzeptanz für die momentanen Möglichkeiten der Klientin aufzubringen. Als Geher oder Leitung sieht man fast immer klarer, dies sollte aber nicht dazu führen, der Klientin diese Klarheit durch weitere Maßnahmen »vermitteln« zu wollen. Hier ist der eigene Anspruch auf Vollständigkeit zu erkennen und zu reflektieren sowie die mögliche Grenzüberschreitung, wenn man der Klientin zur Klärung zum Beispiel noch ein weiteres Gehen »verpasst« oder eine Familienaufstellung, eine kinesiologische Austestung, eine Energiearbeit oder dergleichen. Denn, um es bildlich auszudrücken, wenn du zum Bäcker gehst und Dinkelbrot bestellst, dann möchtest du genau dieses Brot haben. Wenn der Bäcker dir sagt, er habe leider nur mehr ein halbes Dinkelbrot und dir dann noch Semmeln, eine Mehlspeise und einige Brezeln einpackt, würdest du wahrscheinlich darauf hinweisen, dass du nur das Dinkelbrot möchtest und nicht den Rest.

Meiner Meinung nach reicht für die Lösung selbst eine Erfahrung auf allen Ebenen. Es braucht kein zusätzliches Ritual, keine zusätzliche Energiebehandlung oder Ähnliches. Denn die Lösung ist der Weg, der im Gehen erfahrbar, sichtbar, verstehbar und wahrnehmbar gemacht wird. Dadurch kommt die Antwort ins Bewusstsein und die Lösung ist da.

Das Gehen wird schließlich von der Leitung beendet,

und zwar genau dann, wenn sie Klarheit über die Antworten zur Fragestellung hat und wenn Essenz und Lösung ebenfalls klar sind. Es ist ratsam, das Gehen als Sequenz zu beenden, wenn die Antwort auf die Fragestellung klar beantwortet ist. Manchmal ist das Ende eines Gehens wahrnehmbar, die Energiekurve sinkt, die Rolle fällt scheinbar ab. Jetzt ist es an der Zeit für den Klienten, dieses Ergebnis zu erfassen und zu integrieren. Diese notwendige Zeit sollte nicht vergessen werden.

*Nachbesprechung*

Wie bereits beschrieben, ist das Ergebnis des Gehens mit wenigen Ausnahmen für den Themensteller gut verständlich und meistens sehr berührend. Das Gehen hat eine Außensicht auf das Eigene ermöglicht. Die eigene Situation und ihre Hintergründe wurden sichtbar und erfahrbar und die Erkenntnis berührt die Seele.

Es gibt nun verschiedene Möglichkeiten, mit dem Ergebnis umzugehen. Eine Möglichkeit ist die Nachbesprechung des Gehens. Die Nachbesprechung kann von der Leitung geführt werden, d.h. sie wiederholt die wichtigsten Stationen des Gehens, sodass die Essenz des Ergebnisses auf der mentalen Ebene ins Bewusstsein gelangen kann. Der Klient kann hier auch über das, was gesehen, gefühlt und erkannt wurde, sprechen.

Es kann, wie erwähnt, auch in Teilsequenzen gearbeitet werden. Dann werden kurze Sequenzen gegangen und anschließend direkt nachbesprochen. Aufgrund der erlangten Erkenntnisse wird die folgende Sequenz gegangen. In diesen Fällen ist die Nachbesprechung mehr in den Prozess des Gehens integriert. Wenn die Rolle vom Klienten selbst gegangen wird, hat die Nachbesprechung mehr Erfahrungscharakter.

Eine Nachbesprechung erfolgt nicht, wenn die Leitung

zur Einsicht kommt, dass die Energie nur für sich wirken soll, ohne Berücksichtigung der mentalen Ebene. In diesem Fall empfehle ich ein Telefonat in den folgenden Tagen, um Nachfragen aufzufangen und zu überprüfen, wie es dem Klienten geht.

Ein wichtiges Mittel für die Analyse des Gehens sind die Beobachtungen der Leitung zu Verhalten, Äußerungen und Körperhaltungen der Teilnehmerinnen. Besonders wichtig zu erwähnen sind hier die sichtbar gewordenen Körperhaltungen der Stellvertreterinnen oder der selbst im Gehen eingenommenen Haltungen. Diese Haltungen gelten individuell für den Klienten. Es kann zum Beispiel vorkommen, dass jemand auf dem Boden liegt, in den Himmel schaut und sagt: »Das tut mir gut.« Diese Haltung macht im Gehen eine sichtbare Veränderung zum Positiven. Ich frage den Gehenden fast immer, wie häufig diese spezielle Haltung angewandt werden soll. Das mache ich während des Gehens. Ich frage, wie oft und wie lange diese Haltung eingenommen werden soll.

Es ist von Bedeutung, am Ende eines Gehens noch einmal die sichtbar gewordenen Übungen zu besprechen, da sie für den neuen Weg hilfreich und wichtig sind. Ich empfehle in der Regel, dass der Klient ein kleines Notizbuch führt, um sich solche Anweisung zu notieren und auch die persönlichen Fortschritte leichter erkennbar zu machen.

*Ausstieg aus dem Gehen*

Dieser Punkt ist besonders wichtig, deshalb möchte ich hier noch einmal darauf eingehen. Die Praxis des Einsteigens und Aussteigens aus Rollen und Positionen kann und sollte man sich auch im Alltag zu eigen machen. Bitte steige immer wieder bewusst aus belastenden Systemen und Situationen aus. Es ist nicht notwendig, z.B. das System »Schule« oder

»Krankenhaus« mit nach Hause zu nehmen. Beim Verlassen der Arbeitsstelle steigst du aus, indem du einen Schritt machst und gleichzeitig ganz bewusst sagst: »Ich bin jetzt … (eigener Name)«, dabei machst du ein paar weitere Schritte. Du wirst die Veränderung schnell spüren, meistens haben wir ein freieres Gefühl im Brustkorb, wenn wir Systeme auf diese Weise verlassen.

Wenn du z.B. schwierige Besprechungen hast, kannst du bewusst in deine Kraft einsteigen und dein Potenzial und deine Kraft spüren. Dies tust du, indem du einen Schritt machst und laut sagst: »Ich bin jetzt … (eigener Name) in meiner vollen Kraft.« Es ist sinnvoll, das vorher zu Hause zu probieren.

---

**Fallbeispiel 11: Ich komme nicht in meinem eigenen Leben an**

Thema: Laura kommt nicht im eigenen Leben an

Klientin: Laura

Setting: Workshop einer Geh-Dich-Frei-Praktizierenden

Rolle: Das, was Laura davon abhält, sie selbst zu sein.

Stellvertretung: Laura geht die Rolle selbst.

Leitung: M. S.

Prozess des Gehens: Es wird lösungsorientiert gegangen.

Quelle: Abschlussarbeit einer Geh-Dich-Frei-Praktizierenden – ich danke ihr, dass ich diesen Praxisfall verwenden durfte.

*Laura steigt in die Rolle ein, sie sagt: »Ich bin das, was mich immer wieder aufhält, ich selbst zu sein.« Sie beginnt sehr schnell im Kreis zu gehen, es scheint, als ob sie vor etwas fliehen möchte.*

---

*»Warum gehst du so schnell?«, frage ich. »Hinter mir ist jemand und ich möchte das nicht mehr spüren!«, ist Lauras Antwort.*

*Ich sage ihr, dass sie noch tiefer in die Rolle eintauchen soll und fühlen soll, welche Körperstelle sich meldet. Sie bekommt, während ich spreche, einen ganz starken Druck in der Brust. Ich fordere sie auf, mit der Aufmerksamkeit zu diesem Druck in der Brust zu gehen. Sie sagt: »Ich spüre mein Herz nicht. Da ist kein Herz da, was ich spüren kann, es ist nicht da.«*

*Ich bitte sie, ihre Hände aufs Herz zu legen, und sich so mit dem Herz zu verbinden. Sie macht dies und bekommt trotzdem keinen Kontakt zum Herzen. Sie sagt: »Es ist alles so kalt.«*

*Ich bitte Laura, ihr Herz zu fragen, warum sie es nicht spüren kann. Laura sagt, dass sie nicht mehr weiter gehen kann, und legt sich auf den Boden. Sie sagt: »Ich darf nicht spüren, was mein Herz will, ich komme mir so geteilt vor. So als ob meine linke und meine rechte Seite nicht wissen, was sie tun sollen. Wie wenn mein Herz in zwei Teile geschnitten wurde.«*

*Auf die Frage, was sie möchte, meint sie, dass sie liegen bleiben will. Nach einer Weile bitte ich sie, sie solle versuchen aufzustehen. Sie will nicht. Ihre Füße seien zu schwach, keine Kraft mehr.*

*Ich bitte Laura, sie soll sich vorstellen, dass an ihren Füßen Wurzeln wachsen. Sie solle sich zusätzlich rote Farbe in den Wurzeln vorstellen. Das kann sie nicht. Sie spürt nur die rechte Seite, die linke Seite ist wie gelähmt. Ich frage sie, ob sie* etwas dazu brauche. Sie sagt: »Ja, aber ich weiß nicht was.«

Ich bitte sie erneut, in ihr Herz zu hören, indem sie ihre Aufmerksamkeit zu dieser Körperstelle lenkt. Jetzt hört sie plötzlich eine Melodie. Sie setzt sich dabei auf, sagt aber, dass sich auf ihrer linken Körperseite nichts verändert. Ich bitte sie, sich die gehörte Melodie wieder herzuholen und sie in ihren Körper und zu ihrer linken Körperseite fließen zu lassen. Das tut sie.

Die anderen Teilnehmerinnen und ich bemerken, dass Laura sich aufrichtet und plötzlich ein Lachen im Gesicht hat. Ihre Ausstrahlung hat sich verändert und sie merkt plötzlich an sich selbst eine Veränderung. Sie sagt: »Zum ersten Mal habe ich das Gefühl, ich spüre in mir ein Herz, das zu mir gehört und für mich schlägt.« Laura möchte immer noch nicht aufstehen, sie spürt im ganzen Körper einen Energiefluss. Sie antwortet auf meine Frage nach ihrer Befindlichkeit: »Zum ersten Mal in meinem Leben habe ich das Gefühl, ich spüre mich. Mich als Laura.«

Ich bitte Laura, diese Übung mitzunehmen und zu Hause zu praktizieren, eine Melodie in ihr Herz einfließen zu lassen.

Am nächsten Tag ruft mich Laura an und berichtet, dass sie zum ersten Mal in ihrem Job als »vollwertig« angenommen wurde. Dieser positive Zustand hält weiter an. Sie sagte, sie habe sich nie bewusst geerdet, da sie es einfach nicht wusste und nicht merkte. Durch die gemachte Erfahrung im Gehen konnte sie eine Veränderung in ihr Leben bringen.

# Tiefer gehen

Besonders für Praktizierende, aber auch für andere Interessierte sind hier noch weitere Hintergründe des Gehens beschrieben. Für Praktizierende sind sie zentral, sie müssen beachtet werden und integriert sein, wenn man mit der Methode *Geh Dich Frei* arbeitet.

## Grenzen des Gehens und Ethik

### Eigenverantwortung

Das Thema *Eigenverantwortung* ist wichtig, sowohl für die Unterstützung der Klienten als auch die Fürsorgepflicht und die Selbstfürsorge der Praktizierenden. Eigenverantwortung beim Gehen bedeutet, die Verantwortung für das Thema und für das Ergebnis beim Themensteller zu belassen. Es ist gut, im Vorfeld darüber aufzuklären, dass es nicht an der Leitung und den Stellvertreterinnen liegt, das Thema zu lösen oder zu heilen, denn das ist grundsätzlich nicht möglich. Die Verantwortung für den eigenen Prozess und die eigene Heilung muss jeder Mensch selbst übernehmen. Würden wir versprechen, andere zu heilen und deren Probleme zu lösen, würden wir uns in eine gefährliche Situation begeben, ganz abgesehen davon, dass wir gegen gesetzliche Regelungen verstoßen würden. Solche Aussagen oder Heilungsversprechen sind gänzlich unqualifiziert und unwahr. Auch unterstützen sie nur die Konsumhaltung der Menschen. Eine übliche Denkweise ist: »Ich komme zu dir und du löst bitte mein Problem, mir geht es wirklich schlecht.« Diese Haltung ist uns bis ins tiefste Innere bekannt und anerzogen. Wir gehen zur Ärztin und die soll unsere Krankheit heilen, wir geben Verantwortung ab. Ich beobachte diesen Trend nun auch in der Esoterik-Szene. Man geht zum Heiler, zur Schamanin oder zum Energetiker mit dem Anliegen, sie mögen uns heilen. Das ist ein Versuch, die Verantwortung für sich selbst abzugeben. In der kommenden Zeit, die astrologisch dem Wassermannzeitalter entspricht, wird es für die Menschheit notwendig, Verantwortung für das eigene Leben zu übernehmen.

Ich als *Geh-Dich-Frei*-Praktizierende kann lediglich die Verantwortung für die professionelle Anwendung der Methode und eine professionelle Haltung meinerseits übernehmen, ich kann zudem als Leitung dem Klienten möglichst zu hundert Prozent zugewandt, d.h. maximal präsent, sein. Ich stelle mich mit meiner Erfahrung, meinem Erlernten und meinem mitgebrachten Wissen zur Verfügung.

Im Rahmen der Selbstfürsorge riskieren wir mit der Übernahme von Verantwortung für andere zudem, die Probleme der Klientinnen zu übernehmen. Wir fühlen uns auf Dauer belastet und die Arbeit kostet Energie, diese Belastung wird immer stärker spürbar.

Das Thema, jemandem Probleme abnehmen zu wollen, wird oft auch im Umgang mit den eigenen Kindern sichtbar. Wir wollen ihnen dadurch schlechte Erfahrungen ersparen. Das führt dazu, dass sie unselbstständig und abhängig gemacht werden. Sie können kaum ihr Leben und ihr Potenzial leben, da uns nur eigene Erfahrungen auf unseren Weg und in unser Potenzial bringen.

*Grenzen*

Das Thema *Eigenverantwortung* führt auch an das Thema *Grenzen* und wer was für eine andere Person tun darf. Darf ich meinen Partner gehen? Darf ich mein Kind gehen oder meine Chefin? Grundsätzlich darf ich nur das, was meiner Handlungskompetenz unterliegt, gehen. Das sind in der Regel nur die eigenen minderjährigen Kinder, die eigenen Haustiere oder der eigene Besitz, also z.B. das eigene Auto oder das eigene Haus. Ein Gehen aus Neugier oder ein ungefragtes Gehen von anderen Menschen ist nicht möglich. Unethisch ist außerdem ein Gehen, um jemanden zu manipulieren, ein Gehen, um ein Umfeld passend zu machen und/oder es ungefragt zu verändern, oder ein Gehen, das nur dem eigenen Ego dient.

Zur Erklärung ein kleiner Ausflug in die Systemik. Es hilft und bringt Verständnis für die eben erwähnten Regeln, wenn wir ein Gefühl für die familiensystemische Ordnung entwickeln. Das Prinzip ist eigentlich ganz einfach. Für alle Personen, die im Familiensystem vor mir geboren wurden, also Eltern, Großeltern, Tanten, Onkel und ältere Geschwister, trage ich keine Verantwortung. Es geht mich nichts an, wie sie ihr Leben leben, und ihr Schicksal darf bei ihnen und in ihrer Verantwortung bleiben. Dasselbe gilt auch für die Arbeit, der Chef ist in der Ordnung über seinen Angestellten und diese sind nicht für seine Belange zuständig. Thomas Schäfer hat diese Themen in *Was die Seele krank macht und was sie heilt: Wenn der Körper Signale gibt* sehr einfach und doch umfassend und tiefgehend dargestellt. Dieses Wissen ist wertvoll für alle Lebensbereiche.

Wir Menschen dürfen oder müssen (wieder) lernen, die Verantwortung für unser eigenes Leben zu übernehmen. Eine bestimmte Zeit lang (in der Regel bis zur Großjährigkeit) übernehmen Eltern die Verantwortung für ihre Kinder oder Stiefkinder. Die Älteren übernehmen eine bestimmte Zeit lang Verantwortung für die Jüngeren. Dann lassen die

Alten die Jungen los und diese können so erwachsen werden. Diesen Schritt übersehen Menschen oft, z.B. bedingt durch lange Ausbildungszeiten, hohe Wohnungskosten oder weil ja zu Hause Platz ist – Hotel Mama ist schließlich schön! Bei Frauen sollte dieser Prozess allerspätestens in den Wechseljahren stattfinden (wenn sie nicht schon vorher Verantwortung für ihr eigenes Leben übernommen haben). Auch Männer sollten sich spätestens im selben Alter von zu Hause lösen.

Gehen aus Neugier ist nicht erlaubt. Da der Auftrag fehlt, hätte dieses Gehen auch keine verändernde Kraft. Gehen, um jemanden zu ändern, ist manipulativ und unethisch, auch wenn es unter dem Deckmantel der Sorge passiert. Insbesondere bei Kindern wollen Eltern oft helfen, damit es ihnen gut geht. Aus einer anderen Perspektive betrachtet bedeutet diese Hilfe aber, dass du deinem Kind sein Schicksal nicht zutraust. Du hältst das Kind unbewusst für untauglich und für dieses Leben ungeeignet. Wenn ich mein Kind in seinem Potenzial und stark sehe und ihm das entsprechende Vertrauen entgegenbringe, dann kann ich es einfach so lieben, wie es ist, und es seine Erfahrungen machen lassen. Egal, was es auch erfahren muss und was es gerade anstellt, es lernt im Leben. Als Elternteil gilt es, dem Leben zu vertrauen und das Kind mit einem offenen Ohr und viel Liebe zu unterstützen.

Solche Situationen und Herausforderungen werden allen Praktizierenden begegnen. Darum beschreibe ich hier ein paar Themenstellungen, um diese heiklen Dynamiken zu verdeutlichen.

## Beispiel 1

(Dieses Beispiel wird im ersten Kapitel als Fallbeispiel 2 detailliert beschrieben.)

*Eine Mutter erzählt die Geschichte ihres drogenabhängigen Sohnes. Dieser sei erwachsen. Sie komme auf Grund seiner Krankheit und seiner Unfähigkeit, arbeiten zu gehen, zur Gänze für ihn auf. Die Mutter möchte sehen, was sie in der Beziehung zu ihm verbessern kann.*

*Es gibt in dieser Situation Geh-Möglichkeiten, aber der Vorschlag der Mutter funktioniert nicht. Es ist verständlich, dass die Mutter möchte, dass ihr Sohn keine Drogen mehr konsumiert. Jedoch ist es grenzüberschreitend und stark manipulativ, diesen Wunsch zu gehen. Die Mutter hat aber ein eigenes Problem mit der Drogenabhängigkeit des Sohnes und dies kann gegangen werden. Ich darf also gehen, warum ich als Mutter mich so um mein Kind sorge und was mein nächster Schritt aus dieser Situation ist.*

*Der Ansatz ist in diesem Fall: Was ist die Lernbotschaft für die Mutter? Sie hat diesen Sohn und diese Situation nicht umsonst, dieser Umstand will ihr etwas sagen. Das, was die Klientin an ihrem Gegenüber aufregt, das, womit sie in Resonanz geht, kann für sie gegangen werden – jedoch nicht, um den Sohn zu verändern oder darin zu unterstützen, dass er von den Drogen loskommt. Hier gilt es, vor den Entscheidungen anderer Personen Achtung zu haben.*

*Genau betrachtet ist es egoistisch, sich zu wünschen, dass der Sohn keine Drogen mehr nimmt, damit es ihr als Mutter wieder gut geht. Dies ist* der Fragenden nicht bewusst. Ich erwähne es hier, damit wir uns vor Augen halten, was wir von anderen wollen, damit es uns selbst gut geht. Das ist oftmals versteckt und braucht Achtsamkeit und Bewusstheit im Alltag.

Im beschriebenen Beispiel könnte auch der nächste Schritt gegangen werden, den die Mutter tun kann, um ihren Sohn loszulassen. Warum ist es so weit gekommen, dass der erwachsene Sohn völlig abhängig von ihr ist? Das dürfte das Hauptthema der Mutter sein. Es reicht völlig aus, dieses Thema zu gehen. Wenn bei der Mutter eine durchgängige Veränderung stattfindet, ändert dies auch etwas an der gesamten Situation.

## Beispiel 2

Eine Mutter sagt, ihr achtjähriger Sohn habe seiner Schule zufolge eine Essstörung, da er nur Brot mit Butter esse und sonst nichts. Sie hat ihn untersuchen lassen und körperlich ist alles in Ordnung. Er hat keine Mängel, aber die Schule macht enormen Druck.

Hier hat die Mutter den Erziehungsauftrag für ihr achtjähriges Kind und es ist wichtig für sie, sein Verhalten zu verstehen. Wir können das Essverhalten des Sohns gehen, um die Aufgabe der Mutter darin zu erfahren. Wir können auch gehen, womit die Mutter das Kind am besten unterstützen kann. Welche Handlung der Mutter dient allgemein der Gesamtsituation?

## Beispiel 3

*Eine Frau kommt in die Praxis und erzählt von ihren Problemen mit ihrem Partner. Sie ist kurz davor, die Beziehung zu beenden. Sie kommt für die meisten Kosten auf und arbeitet viel. Ihr Partner arbeitet wesentlich weniger und bekommt nicht die Jobs, die er sich wünscht. Sie möchte von mir eine Antwort auf die Frage, was sie entscheiden soll. Ihr zufolge gibt es jeden Monat die Möglichkeit, dass er mehr Einkommen hat und mehr arbeitet. Und dann wäre das Problem laut ihr weg.*

*Die Frage, was sie entscheiden soll, kann nicht gegangen werden, denn für mich geht es stattdessen darum herauszufinden, warum die Frau diese Beziehung hat. Die Frage ist, was ihr diese für sie unmögliche Beziehungssituation sagen will.*

*Meine Empfehlung an sie ist, das zu gehen, was die Situation sie lehren will. Denn würde sie einfach die Beziehung beenden, wäre ihre nächste ähnlich. Die Frage, was es braucht, damit ihr Partner einen Job bekommt, war in dieser Form auch nicht möglich. Aber als Ergebnis auf die Frage nach ihrem Lernauftrag kam die Antwort, dass bei ihrem Partner nichts passieren würde, solange sie bereitwillig so viel arbeite. Ihre ersten Schritte in diese Richtung waren, ihrem Partner Arbeitsaufträge zu geben und sie selbst nicht auszuführen, auch wenn sie der Meinung war, es besser zu können. Sie sollte mehr abwesend sein, Freundinnen treffen und ihr eigenes Leben führen. In dieser Zeit sollte ihr Partner Dinge erledigen, die getan werden mussten. Sobald sie in die alte Rolle steigen würde, wäre wieder alles beim Alten.*

## Beispiel 4

*Eine Frau hatte wiederholt Beziehungen mit groß-artigen Männern, diese hatten jedoch immer we-niger Einkommen als sie. So konnte sie vieles, was sie eigentlich gerne gemacht hätte, mit diesen Män-nern nicht unternehmen. Sie war wohlhabend und großzügig, doch die Situation gab ihr zu denken. Hier war die Fragestellung sinnvoll, warum sie diese Situation im Leben hatte. Es wurde die Lern-botschaft der wiederholten Beziehungen mit finan-ziell schwächeren Männern gegangen. Die Ant-wort zeigte, dass es darum ging, sich selbst an erste Stelle zu stellen und als wertvoll zu betrachten.*

## Beispiel 5

*Der Klient hat ein Problem mit seinem Vorgesetz-ten. Dieser schätze kaum etwas an der Arbeit des Klienten, er nähme ihm im Gegenteil sogar noch Kompetenzen weg und kritisiere ihn ständig. In die-sem Fall ging es beim Gehen um das, was am Ver-halten des Chefs für den Klienten relevant war. In dem Wissen, dass der Chef sein Verhalten nicht än-dern würde, lag es an meinem Klienten zu schauen, was er tatsächlich im Job ändern sollte. Er wollte praktische Tipps und den Grund für seine Arbeits-situation wissen. Denn ihm war klar, dass es wich-tig war, dieses Problem bei sich selbst in den Griff zu bekommen, um es nicht in einen neuen Arbeits-bereich mitzunehmen.*

Es ist immer der beste und effektivste Weg – und ein sehr gutes Leitprinzip – beim Gehen bei sich selbst zu bleiben. Das, was uns an anderen aufregt, kann ein Anteil von uns selbst sein, den wir nicht mögen. Es kann aber auch etwas sein, das wir auch gerne täten oder wären. Was ich an anderen bewundere, ist etwas, das auch in mir lebt und angelegt, aber noch nicht bewusst ist. Es gibt zu dieser Thematik eine einfache und schnelle Herangehensweise für den Alltag. Diese stammt vom amerikanischen Autor und Seminarleiter Arjuna Ardagh, der bei einem Seminar in Wien zu uns sagte: »Wenn dich etwas schmerzlich trifft, du etwas an jemandem nicht ausstehen kannst, dann sag: ›Just like me – genau wie ich.‹ Wenn du etwas an jemandem sehr bewunderst, dann sag: ›Just like me – genau wie ich.‹« Das gibt einen Einblick in die eigene Welt und hilft, an sich selbst zu arbeiten und keine Angst vor Veränderung im Leben zu haben. Der Prozess kann und darf auch einfach sein.

## Achtsamkeit und Präsenz

Wenn die Leitung eines Geh-Prozesses oder eines Einzel-Gehens z.B. das Muster »besonders gut sein zu wollen« ausagiert, ist sie für ihre Klientinnen und Seminarteilnehmer nur mäßig präsent. Sie folgt ihrem persönlichen Muster und ist deshalb selbst nicht zur Gänze geführt und mit allem verbunden. Oft kann sie Stellvertretern und der Intensität des Gehens weniger Aufmerksamkeit schenken. Sie ist zwar bei der Sache, aber das ist noch keine Präsenz.

Tatsächliche Präsenz kann gut mit einem Bild von einem spielenden Kind verdeutlicht werden. Kinder sitzen und spielen und sind komplett im Spiel versunken. Sie nehmen die über das Spiel hinausgehende Umwelt nicht wahr. Sie nehmen jedoch jede kleinste Kleinigkeit im Spiel wahr. Sie reagieren nicht, wenn sie angesprochen werden. Sie sind ganz bei der Sache und denken nicht an etwas anderes, während sie spielen. Das merkt jeder, der das spielende Kind beobachtet. Das Kind beschäftigt sich im Tun auch nicht mit der eigenen Person, zweifelt nicht daran, ob alles richtig ist, was es macht, und denkt nicht darüber nach, was es nach dem Spiel tun möchte. Es ist in absoluter Verbindung mit dem Spiel. Das ist für mich das beste Beispiel für Präsenz.

Ein Gehen, das mit größtmöglicher Präsenz geleitet wird, nimmt alle Beteiligten in einen solchen Zustand mit. Alle sind gebannt und vom Geschehen gefangen. Die Kraft des Feldes wird für alle spürbar. Je mehr Leute im Raum präsent sind, desto spürbar kraftvoller wird das Gehen. Die Präsenz potenziert sich und greift auf die Teilnehmer über.

## Der Wächter

Ein weiterer Punkt, den es für Praktizierende beim Gehen zu beachten gilt, ist die Abwesenheit oder Anwesenheit des sogenannten Wächters. Der Wächter ist meine Bezeichnung für einen Persönlichkeitsanteil, den ein Mensch besitzt oder nicht besitzt. Eine gehende Person kann in der Regel eine Rolle gehen und sich gleichzeitig selbst wahrnehmen. Oftmals sind sich gehende Personen anfangs unsicher, was ihr Ich ist und was die Rolle ist. Bei dieser Unterscheidung hilft der Wächter, er stellt sicher, dass die gehende Person mit dem eigenen Ich verbunden bleibt und zwischen dem Ich und der Rolle unterscheiden kann. Menschen ohne Wächter verlieren sofort ihre eigene Persönlichkeit und werden zu hundert Prozent zur Rolle, sie tauchen zur Gänze in die Welt des anderen ein.

In meiner Praxis gab es zu einer bestimmten Zeit eine Anhäufung von Personen, die beim Gehen von Rollen nicht mehr sie selbst waren. Sie verloren die eigene Persönlichkeit während des Gehens und verkörperten zu hundert Prozent die zu gehende Rolle. In der Praxis bedeutete dies, dass z.B. Andrea als Stellvertreterin Marias Angst gehen soll. Aber in dem Moment, in dem Andrea die Rolle betritt, hört sie auf, Andrea zu sein, sie ist plötzlich zur Gänze Marias Angst. Andrea hat in diesen Fall keinen Wächter, der die Funktion hat, ihren Andrea-Anteil zu halten.

Bis vor kurzer Zeit war das Fehlen eines Wächters eine Ausnahme von der Regel. Diese Menschen sind nicht nur beim Rollen-Gehen ohne den Wächter, sondern auch in ihrem Privatleben. Im Schauspiel ist Marilyn Monroe ein offensichtliches Beispiel dafür, für sie war das eine Gnade und ein Fluch zugleich. Ich habe die Erfahrung gemacht, dass in der heutigen Zeit fast alle jungen Menschen nicht mehr mit einem Wächter ausgestattet sind. Es ist wichtig, dass die Betroffenen und ihre Angehörigen das wissen und dass die Betroffenen lernen, mit diesem Persönlichkeitsmerkmal zu leben. Ist dieser Umstand im Bewusstsein, kann das Leben dieser Menschen einfacher werden.

Sichtbar und fühlbar wird die Ab- oder Anwesenheit des Wächters beim Gehen. Die betroffenen Personen haben vorher keine Ahnung davon, da sie nichts anderes als das vollkommene Eintauchen kennen. Diese Personen kippen augenblicklich in eine Rolle und sofort sind starke Körperempfindungen wie Ohnmacht, Brechreiz, Schläge usw. für sie spürbar. Der Körper liefert auch hier den stärksten und wichtigsten Hinweis! Ein weiterer Hinweis auf das Fehlen des Wächters kann sein, dass sie anschließend nur schwer aus ihren Rollen kommen.

Die Leitung sollte beim Gehen im Umgang mit solchen Klientinnen einige Punkte beachten: Diese Personen sollten nie lange Rollen gehen. Beim Einsteigen in die Rolle kann auch schon eine Intensität festgelegt werden. Das machen meine wächterlosen Klientinnen immer. Sie sagen zum Beispiel: »Ich bin jetzt zu achtzig Prozent die Angst von Maria.« Das mindert die Intensität der Rolle für die Gehenden.

Sollte eine Person beim Gehen plötzlich und erstmals starke körperliche Symptome zeigen, dann besteht Handlungsbedarf seitens der Leitung. Die Leitung sollte das Gehen beenden und diese Person aus der Rolle entlassen. Hört diese Person sie nicht, dann sollte diese Person tatsächlich vorsichtig von der Leitung angefasst, leicht gerüttelt und auf einen anderen Platz gestellt werden. Ich sage in solchen Situationen dann: »Du bist Andrea!« Anschließend geht die Person sich selbst und wiederholt immer wieder den Satz »Ich bin jetzt wieder ... (Name der Gehenden)«. Diese Maßnahme ist äußerst selten notwendig, meistens nur in den Anfängen des Gehens. Danach können die betroffenen Personen ihre Rollen leicht selbst regulieren.

Für Personen mit Wächter, das sind in der Regel die Generationen, die vor Beginn der 1990er geboren wurden, ist es wichtig, Sensibilität für dieses Phänomen zu haben. Es ist meiner Erfahrung nach nicht möglich, einen Wächter nachzubilden.

Für viele Klientinnen war das Wissen, dass sie keinen Wächter haben, ein Aha-Erlebnis. Denn Fakt ist, dass diese Personen sehr oft in Umstände und Situationen zu hundert Prozent eintauchen und sich selbst darin verlieren. Sie bemerken den Kontaktverlust zu sich selbst nicht. Daher sind sie der Überzeugung, dass zum Beispiel die schlechten Gefühle, die sie gerade fühlen, ihre eigenen sind. Diese Menschen nehmen u.a. die unterschiedlichen Schwingungen und Gemütszustände ihrer Arbeitskollegen stark wahr, sie betreten ihre Arbeitsstelle und sind direkt mit vielen Energien im Raum konfrontiert. In der Regel glauben sie – bis sie beim Gehen eine Erfahrung damit machen, dass die fühlbare Stimmung ihre eigene ist. Doch das ist nicht der Fall.

Was für Schauspieler und Theatermenschen das Leben einfacher macht, kann im Privatleben zur Belastung werden. Für betroffene Personen ist es wichtig, beim Verlassen der Arbeitsstelle, des Einkaufszentrums oder nach einem schwierigen Familientreffen wieder bewusst auszusteigen. Ansonsten nimmt man all diese Anteile mit und verweilt ständig in fremden Gefühlszuständen.

Die wichtigsten Tools dafür sind:

- Das Wissen, dass es diesen Umstand gibt, und die Konsequenz, sich diesen ins Bewusstsein zu rufen.
- Aussteigen wie beim Gehen, d.h., in dem entsprechenden Moment einen Schritt zu machen und zu sagen: »Ich bin ... (Name).« Das ist besonders in allen verwirrenden und/oder belastenden Situationen wichtig, z.B. Familientreffen, Arbeit, Meetings mit Kunden, Aufenthalt in großen Städten, Einkaufszentren ...
- Bewusst in die eigene Person einsteigen.
- Nicht vermeiden, sondern damit umgehen lernen. Übung macht den Meister oder die Meisterin.

Das Warum kann ich zurzeit noch nicht erklären. Hier sind wir sicher erst am Beginn der Erkenntnisse. Ich vermute, dass die jetzt jungen Menschen für eine Weiterentwicklung des Lebens auf der Erde geschaffen sind. Und daher brauchen sie für diese Zeit keinen Wächter. Doch es ist gut, für den Übergang damit umgehen zu lernen. Es liegt meiner Meinung und Erfahrung nach ein unglaubliches Potenzial darin verborgen.

Eine Klientin ging zum Beispiel in meiner Praxis einmal selbst ihre Rückenschmerzen. Ich leitete den Prozess. Sie stieg ein und sagte: »Ich bin jetzt mein Rückenschmerz«, und augenblicklich verbog sie sich. Sie sagte, sie sei schief und mache eine Ausgleichshaltung. Sie ging schief weiter und erzählte, sie habe dies, da sie sich in manchen Lebensbereichen so verbiege. Als der jungen Frau klar wurde, in welchen Bereichen dies der Fall sei und was genau zu tun war, knackste es tatsächlich in ihrem Rücken und sie war augenblicklich gerade. Ihr Rücken hatte sich begradigt und diese Begradigung hielt auch an. So schnell und unglaublich durchlässig sind diese Menschen!

Meiner Meinung nach wird dies gravierende Folgen für die Medizin, für Schulen und für kommende technologische Entwicklungen haben. Und wahrscheinlich wird sich dadurch ein vollkommen neues Verständnis des Menschseins entwickeln.

## Klienten-Typen

Es gibt zwei verschiedene Klientinnen-Typen und es ist hilfreich, wenn Praktizierende diese Typen kennen.

Der *Ursachentyp* möchte auf jeden Fall eine Antwort auf seine Frage. Woher kommt meine Angst? Wo liegt sie begründet? Es ist für diesen Typ unumgänglich, diese Antwort zu bekommen, denn nur so kann sich bei ihm etwas ändern. Bekommt er diese Antwort nicht, sondern gleich den Lösungsweg, würde er weiter nach der Ursache suchen.

Dem *lösungsorientierten Typus* ist es dagegen egal oder zumindest nicht so wichtig, wo z.B. die Angst herkommt, er möchte unbedingt wissen, wie sein Weg aus der Angst aussieht. Die Suche nach der Ursache wäre für diesen Typus okay, aber er hätte damit keine erkennbare und akzeptable Lösung.

Für mich ist es sehr erleichternd zu wissen, dass ich ein Lösungstyp bin, denn diese Herangehensweise spiegelt sich im Arbeitsleben und im Beziehungsleben wider. Ich strebe immer Richtung Lösung, Menschen, die sich lange mit Ursachen beschäftigen, haben mich früher genervt. Heute weiß ich, dass sie einfach ein Ursachentyp sind. Sie »müssen« Antworten zur Ursache des Problems bekommen, andernfalls können sie mit der Lösung nichts anfangen. Meistens sind in einer Familie verschiedene Typen zu finden. Es kann eine hilfreiche Übung sein zu untersuchen, welche Typen es in der eigenen Familie gibt!

## Die systemische Rolle der Leitung

Als weibliche Leiterin nimmst du automatisch die systemische Rolle der Mutter ein, als männlicher Leiter die Rolle des Vaters. Du kannst diese Rolle nicht nicht einnehmen. Dieses Faktum gilt es bei jeder Gruppenleitung zu bedenken. Wie sich Gruppenmitglieder verhalten, sagt sehr viel über ihre Beziehung zu ihrer Mutter oder ihrem Vater aus. Jeder Mensch fühlt sich zudem in der Leitungsposition anders als im alltäglichen Leben. Es kommen Ansprüche an sich selbst zum Tragen oder das Gefühl, nicht gut genug zu sein. Manchmal kommt auch Stress dazu. In der Leitung zeigt sich deutlich, ob Menschen in der Lage sind, Verantwortung für eine Gruppe zu übernehmen. Diese Kompetenz entscheidet letztendlich, ob Menschen gerne Gruppen leiten oder nicht. Für manche ist das Einzelsetting viel passender, da sie da ihr volles Potenzial leben können.

Wenn Teilnehmerinnen ein systemisch nicht aufgearbeitetes Mutter- oder Vaterthema haben, wird dieses unbewusst auf die Gruppenleitung projiziert. Sichtbar wird dies, wenn Teilnehmerinnen über die Maße viel fordern. Sie geben sich nicht mit dem zufrieden, was alle in der Gruppe bekommen. Es ist hilfreich, wenn sich die Leitung der Tatsache, dass sie den Forderungen nie gerecht werden kann, bewusst wird, da diese an die Mutter oder den Vater der fordernden Person gerichtet sind. Es ist in so einem Fall die beste Wahl, diesen Forderungen bewusst nicht zu entsprechen oder Nein zu sagen. Die Leitung wird in dem Fall mit Sicherheit mit massiven Vorwürfen oder Kritik konfrontiert. Da aber auf jede erfüllte Forderung eine weitere Forderung folgen wird, ist ein Nein zur rechten Zeit die beste Reaktion. Zudem ist es für alle Beteiligten hilfreich, das Thema und die Beweggründe der Leitung offen anzusprechen. Es eröffnet die Möglichkeit, die Thematik durch Familienstellen oder andere Zugänge zu lösen.

## Vorbereitung der Leitung

Die wichtigste und andauernde Vorbereitung als Praktizierende besteht darin, sich seinen eigenen Themen zu stellen und den eigenen Weg zu verfolgen.

Ich empfehle außerdem, jede Arbeit mit Klientinnen oder Kundinnen konkret vorzubereiten. Die hier beschriebenen Übungen richten sich daher an Praktizierende, die mit der Methode arbeiten. Die Vorbereitung besteht aus dem Gehen des Raumes und dem Willkommenheißen der Seminargruppe. Am besten ist es, du findest dein kleines Ritual für dich, die Beschreibung meiner Vorbereitung ist als Anregung gedacht.

Ich bereite mich in einem rituellen Ablauf ungefähr eine Woche vor Seminarbeginn vor. Im Folgenden ist die Übung als Vorbereitung für eine Gruppe beschrieben, für einen Tag mit Einzelklienten ist die benötigte Zeit kürzer.

Nimm dir zwanzig bis dreißig Minuten Zeit und suche deinen *Kraftplatz* auf. Dein Kraftplatz ist der Platz, an dem du immer meditierst und betest und dich dir und deiner

Wahrnehmung widmest. Dieser Platz wird durch deine Zuwendung zu deinem Kraftplatz und unterstützt dich.

Nimm Platz und zünde eine Kerze an. Schließe die Augen und gehe mit der Aufmerksamkeit in deine Mitte. Nun stell dir vor, du sitzt mitten im Zentrum des Seminarraumes, du kommst im Raum an und begrüßt ihn. Du bedankst dich, dass du herkommen darfst. Frag den Raum, ob er etwas von dir als Gegenleistung haben möchte. Warte auf die Antworten und versprich nur das, was du auch einhalten kannst. Dann heiße alle Teilnehmerinnen willkommen, spüre, wie sie rund um dich ihre Plätze einnehmen. Heiße sie auf ihren Plätzen im Seminar willkommen, frag nach dem Bedürfnis der Gruppe, sei ganz Ohr für das, was sie brauchen. Sage ihnen schon vorweg, dass du dein Bestes geben wirst, und dann bleibe in Kontakt und nimm nur wahr.

Zum Ende kommend wünschst du allen eine gute Anreise und verabschiedest dich. Ganz am Ende notiere ich wichtige Erkenntnisse und bleibe noch etwas sitzen. Die Kerze lasse ich noch eine Weile, manchmal auch einige Stunden lang, brennen.

Ich merke, dass es einen fühlbaren Unterschied macht, ob eine Gruppe vorbereitet ist oder nicht. Dies bestätigte eine Teilnehmerin, sie irrte sich bei einem Modul im Termin und reiste zu früh an. Die Anreise sei so anders gewesen, meinte sie, so neutral. Im Nachhinein wusste sie warum.

Am Morgen eines Seminarwochenendes bereite ich mich vor, indem ich mich zu Hause auf meinen privaten Kraftplatz begebe. Dort bedanke ich mich, ich bitte all meine Begleiter um Unterstützung und reinige mich mit energetisierten Essenzen. Ich tauche tief in die Energie des Seminars ein und gebe mich jedes Mal bewusst meiner Berufung hin. Es möge alles so kommen, wie es für mich richtig und gut ist, egal wie mein Verstand das haben möchte. Und so ist es auch immer.

Ein individuelles Ritual bekommt Kraft durch Wiederholung und es entsteht Vertrauen in seine Kraft. Vor allem sollte es praktikabel und einfach sein und zu dir passen. Ich rate davon ab, das Ritual jedes Mal abzuändern. Wähle eines und vertraue. Wenn du meditieren willst, dann meditiere. Warte nicht auf den richtigen Kurs, den passenden Moment oder das richtige Umfeld.

## Einstimmung und Ausklang

*Einführungsmeditation*

Die folgenden Mediationen können zur persönlichen Vorbereitung auf das Gehen verwendet werden oder auch gemeinsam mit einer Gruppe zum Einstieg in den Seminartag.

Lies die Meditation und lasse dich darauf ein. Du kannst sie auch auf dein Handy oder Tablet sprechen und sie dann abspielen. Die Fragen kannst du im Kopf oder schriftlich beantworten.

Setze dich bequem hin und richte es so ein, dass du ungefähr zwanzig Minuten lang ungestört bist.

---

### Übung

*Stelle beide Füße auf den Boden. Gehe mit deiner Wahrnehmung zu deinen Fußsohlen und nimm wahr, wie sie den Boden berühren. Bemerke, wie genau sie den Boden berühren. Liegen beide Fußsohlen gleich auf? Wenn ein Unterschied bemerkbar ist, nimm genau wahr, worin er besteht. Ist das*

---

Auflagegewicht unterschiedlich? Sind die Fußsohlen unterschiedlich warm, sind sie unterschiedlich spürbar und mit mehr oder weniger Energie versorgt? Ist sonst etwas spürbar?

Lasse nun eine Verbindung zur Erde entstehen. Dies können Wurzeln sein, Spiralen oder etwas anderes für dich Stimmiges. Spüre diese Verbindung und nimm ihre Qualität wahr. Wie fühlt sie sich an? Was löst die Verbindung zur Erde in deinem Körper aus? Was wird dadurch für dich wahrnehmbar?

Beginne nun, bewusst diese Verbindung zu verstärken. Mache die Verbindung zur Erde so stark und tief, wie es für dich möglich ist. Nimm den Unterschied in deinem Körper wahr.

Wie fühlt sich dein Körper jetzt an?

## Erweiterung:

Wenn es noch irgendwo in deinem Körper Stellen gibt, die sich taub anfühlen oder schmerzen oder sich jetzt bei dir melden, dann gehe auch dort mit der Aufmerksamkeit hin. Stelle fest, wie sich der Körperteil fühlt. Nimm nur wahr, ohne zu bewerten. Es sollte sich jetzt schon leichter anfühlen. Dann frage die Körperstelle, was sie braucht, was sie sich wünscht. Wenn du darauf eine Antwort erhältst, dann erfülle der Stelle diesen Wunsch.

Nimm wieder wahr, was sich an dieser Körperstelle verändert. Wie fühlt sie sich nun an? Gibt es noch etwas, was du für sie tun kannst?

Wenn du Zeit und Lust auf eine Wohlfühl- und Wellnessbehandlung für deinen Körper hast, dann mache diese Wahrnehmungsübung für deinen gesamten Körper und schreibe immer wieder mit. Dann kannst du auf hilfreiche Notizen zurückgreifen.

---

### Abschlussmeditation

*Stelle dir nun vor, wie du gehst. Du schreitest auf einen wunderschönen Weg, in einer tollen Landschaft. Du in deiner ganz reinen Form. Frei von »Fremden« oder »Abhängigkeiten«. Nimm dich in deiner Energie wahr. Was ist verändert nach dem Gehen oder der Einzel- oder Gruppenarbeit?*

*Wirf einen Blick auf den Weg, wie stellt er sich dar? In welcher Landschaft gehst du? Wie ist das Wetter? Ist es für dich leicht zu gehen?*

*Notiere innerlich die Eindrücke und schreibe sie eventuell in der Folge auf!*

---

## Dauer des Gehens

Die Länge und Tiefe des Gehens haben sich in den letzten sieben Jahren aufgrund der sich erhöhenden Schwingungsfrequenz der Erde stark verändert. Konnte vor fünf Jahren ein Thema noch lange und mit mehreren angrenzenden Aspekten gegangen werden, ist dies jetzt mit sehr viel mehr Vorsicht zu handhaben. Und es wird sich weiter verändern, das gilt nicht nur für diese, sondern auch für andere Methoden. Es ist wichtig, die veränderte Schwingungsfrequenz auf der Erde zu beachten und den eigenen Arbeitsstil an den Geist der Zeit anzupassen. Sorgsamkeit und Achtsamkeit in der Herangehensweise sind eine gute Voraussetzung für das Gehen.

## Raumauswahl und Raumaufbereitung

Die Auswahl eines passenden Raumes für das Gehen sollte mit Sorgfalt passieren und der Raum unbedingt der Leitung entsprechen. Jeder Raum, in dem wir uns wohlfühlen, unterstützt die Arbeit oder ist zumindest neutral. Wenn der Raum der Leitung nicht entspricht, aus welchen Beweggründen auch immer, kostet das Arbeiten in dem Raum Kraft, die sonst der Gruppe zur Verfügung stehen würde. Aus diesem Grund besichtige ich, wenn möglich, alle Räume, bevor ich sie buche. Meine Entscheidungsgrundlage bei der Besichtigung ist mein Körper, fühle ich mich leicht und frei, dann unterstützt mich der Raum. Wenn mein Körper sich verschließt, eng wird, dann ist es nicht mein Raum.

Es gibt Räume, die jegliche Energiearbeit unterstützen, da sie an hochschwingenden Plätzen liegen. Um die gesamte Erde laufen Kraftlinien, sogenannte Ley Lines, und Plätze, die darauf liegen, sind begehrt. Es ist durchaus möglich, dass Sie so ein Kleinod auch irgendwo an einem unbekannten Ort finden. Mächtige Kraftplätze dieser Erde sind heute immer noch beliebte Pilgerziele und waren dies schon in früheren Zeiten.

Theoretisch und praktisch ist es möglich, einen Raum vor der Benützung als Seminarraum aufzubereiten. Das kann zum Beispiel notwendig sein, wenn Sie keine bessere Alternative zur Verfügung haben. Ich persönlich ziehe gute und unterstützende Räume grundsätzlich vor und schaue mich gerne länger nach einem passenden Raum um.

Meiner Erfahrung nach nimmt jede Person Räume individuell unterschiedlich wahr, deshalb ist es ratsam, einen Raum unbedingt selbst zu besichtigen, auch wenn jemand sagt, der Raum sei gut geeignet. Das kann für diese Person tatsächlich so sein, aber für dich kann genau das Gegenteil der Fall sein.

Zur Aufbereitung eines Raumes eignen sich Räuchern, Rituale, Lichtarbeit oder energetisierte Sprays. Das hängt von deinem individuell bevorzugten Zugang ab.

Ich gehe den Raum, um mit ihm in Kontakt zu kommen. Dadurch nehme ich gleich unsere gemeinsame Schwingung wahr und wie und ob wir zusammenpassen. Ich bitte den Raum beim Gehen um Einlass und Unterstützung und bedanke mich bei ihm. Das mache ich vor und nach dem Seminar.

Zur Nachbereitung begehe ich den Raum nach dem Seminar bewusst und bedanke mich bei den »Hütern des Platzes« für die Unterstützung. Ich reinige den Raum mit einem Aura-Spray zur »Energetischen Reinigung« von Ingrid Auer. Das ist meine bevorzugte Art der Nachbereitung und soll dir als Anregung dienen.

Jeder sollte für sich gute Rituale entwickeln, wichtig ist mir lediglich der Hinweis darauf, den Räumen und Plätzen unbedingt Achtsamkeit entgegenzubringen und ihnen etwas zurückzugeben. Dies ist ein Akt der Dankbarkeit und beendet rituell den Seminartag. Gleichzeitig bitte ich alle nicht sichtbaren Wesen um Beistand und Unterstützung für die Prozesse des vergangenen Tages und um Hilfe bei der Klärung und Reinigung des Raumes. Ich stelle meine Arbeit damit in den Dienst einer höheren Ordnung.

## Körperbewusstsein

Das Wissen um die Ebenen des Körperbewusstseins erlangte ich durch die Methode *Geh Dich Frei*. Ich fragte mich oft, warum manche Menschen mit einem Geh-Ergebnis gar nichts anfangen konnten. Es war auch fast nicht möglich, ihnen das Ergebnis zu übersetzen, sie gingen mit einer Antwort nach Hause, die für sie gar nichts mit der Fragestellung zu tun hatte. Durch sehr langes Beobachten, unzählige Beispiele und manche Zufälle fand ich schließlich den Zusammenhang heraus. Die Schlüssel waren für mich die Ebenen des Körperbewusstseins, sie gaben mir Antworten auf meine Fragen. Ich möchte das zu Beginn mit einem Beispiel dokumentieren:

Ein Mann kam mit der dringenden Bitte, die Hintergründe dafür zu erfahren, warum sein Betrieb nicht in die Gänge kam. Sein Produkt war gut, es gab einen Markt, er war ein guter Handwerker, trotzdem hatte er keine Aufträge und kein Einkommen. Die Themenstellung war klar. Wir beschlossen, zuerst den Betrieb zu gehen, und in Folge sollte er selbst dazu ins Feld kommen. Es folgte ein langer Geh-Prozess in vielen Sequenzen. Was sich zeigte, war überraschenderweise ein Vater-Sohn-Thema. Der Klient hatte als kleines Kind keinen Vater, da dieser früh verstorben war. Der Sohn im Feld war voller Trauer und Wut über das Nicht-da-Sein des Vaters. Als Ergebnis zeigte sich, dass es für den Klienten notwendig war, die verdrängten Emotionen des kleinen Kindes zu fühlen, bevor sich irgendwas mit der Firma bewegen konnte. Er bekam die Aufgabe, tief in sich und sein Innenleben einzutauchen. Wir ließen die Stellvertreterin genau zeigen, welche Körperübungen dazu notwendig waren und was er täglich zu tun hatte.

Nach Beendigung des Gehens saß er da und meinte, er verstehe zwar und habe alles gesehen, aber was habe dies mit seiner Frage zu tun? Wie solle dadurch seine Firma ins Laufen kommen? Er könne zusätzlich keine Trauer über den

Verlust des Vaters fühlen, dies sei immerhin vierzig Jahre her, Wut kenne er auch nicht. Er sei sogar ein sehr ausgeglichener, ruhiger Mensch.

Unter Einbeziehung der Ebenen des Körperbewusstseins lässt sich das Problem folgendermaßen erklären: Die Fragestellung des Klienten war nur auf der mentalen Ebene des Körperbewusstseins gelagert. Die Antwort bekam der Klient rein auf der emotionalen Ebene des Körperbewusstseins. Da die Fragestellung und die Antwort zur Gänze auf einer jeweils anderen Ebene gelagert waren, konnte der Klient damit nichts anfangen. Normalerweise beinhalten Fragestellungen und Antworten mehrere Ebenen, dies war in diesem Fall nicht gegeben.

Bei allen Menschen lässt sich beobachten, dass die Ebenen der Fragestellung ihre Hauptebenen sind, d.h. ihre möglichen Wahrnehmungskanäle. Sind Menschen, wie der Klient aus dem Beispiel, fast nur mental geprägt, ist das Mentale sein Hauptwahrnehmungskanal. Er hatte andere Ebenen des Körperbewusstseins verschlossen und keinen Zugang dazu. Ein solches Verschließen passiert meistens in der Kindheit aufgrund einer für das Kind bedrohlichen Situation. Das Ausmaß und die Auswirkungen eines solchen Verschließens sind uns als Erwachsene selten bewusst. Durch den Wunsch, die Firma ins Laufen zu bringen, ist der Klient nun mit seiner verschlossenen emotionalen Ebene konfrontiert. Da die Tür verschlossen ist, kann er nicht wissen, was dahinter ist. Er kann es auf mentaler Ebene verstehen, er kann es jedoch unmöglich fühlen.

Um ins Fühlen zu kommen, bedarf es eines Wollens und einer Konsequenz im Üben seitens des Klienten. Dazu empfehle ich in der Regel mehrere unterstützende Ansätze. Egal, welchen der Klient wählt, das Wichtigste ist, dass er dranbleibt. Um allerdings überhaupt zu einem Wollen kommen zu können, muss ihm der Umfang der Problematik bewusstgemacht werden.

Was kann ich als Leitung also tun, um die Antwort verständlich zu machen? Im Fall unseres Klienten musste die Antwort von der emotionalen Ebene auf die mentale Ebene gebracht werden, damit er eine Chance hatte, das Ergebnis zu verstehen und ein Wollen zu entwickeln. D.h., es mussten alle emotionalen Sequenzen mental übersetzt und genau erklärt werden. Die Übungen wurden zusätzlich in Bezug auf Ursache und Wirkung mental erklärt.

Weiters wurde auf die unumstößliche Tatsache verwiesen, dass ein beruflicher Erfolg einer Entwicklung der emotionalen Ebene des Körperbewusstseins bedarf. Der Klient sollte achtsam und bewusst täglich seine Emotionen wahrnehmen. Gab es diese? Wenn ja, welche waren es? Wie ging er normalerweise damit um? Ihm wurde erklärt, dass unser Körperbewusstsein mehrere Ebenen hat und dass die meisten Menschen zwar sogenannte Hauptebenen haben, aber dass sie auch Zugang zu den anderen Ebenen haben. Weiters wurden ihm verschiedene alternative Ansätze vorgeschlagen, mit dem Hinweis, dass es immer wieder vorkommen kann, dass er etwas nicht nachvollziehen kann. Das ist immer dann der Fall, wenn die verschlossene emotionale Ebene zum Tragen kommt.

Ich habe dem Klienten also eine Übersetzung geliefert, ich habe versucht, Emotionen mental zu erklären. Ich konnte dabei beobachten, dass sich seine Gesichtszüge immer mehr entspannten, je mehr er verstand. Er stellte am Schluss fest, dass er seit dem Tod seines Vaters nicht mehr geweint hatte – vierzig Jahre lang! Er meinte auch, dass ihn Gefühlsduseleien oft furchtbar aufregen. Er bestätigte, dass er die Antwort des Gehens verstanden hat, für ihn jedoch keine Trauer fühlbar ist. Er sagte, er wolle auf jeden Fall am Thema dranbleiben, die Wichtigkeit sei ihm bewusst, die Lösung jedoch noch nicht.

Ich war mit diesem Ergebnis sehr zufrieden, mehr wäre nicht möglich gewesen. Der Klient verstand das Ergebnis auf der mentalen Ebene, auch wenn der Zugang zur emotionalen Ebene zur Gänze fehlte. Es war für den Klienten als Kind überlebenswichtig gewesen, die Türen zu den Emotionen zu verschließen, jetzt durfte das Kind in ihm erkennen, dass keine Gefahr mehr bestand. Auch diese Tatsache erklärte ich dem Klienten. Wichtig war es in diesem Fall, keinen zusätzlichen Druck zu machen, da der Prozess des Türenöffnens seine Zeit brauchte. Das Kind in ihm musste Sicherheit erlangen, dass ihm bei der emotionalen Öffnung nichts passieren würde. Dem Klienten wurde eine Möglichkeit gezeigt, jeden Morgen und Abend mit seinem inneren Kind zu kommunizieren, um in Kontakt zu kommen. Das innere Kind in ihm brauchte ein sicheres Zuhause.

Dieser Fall zeigt sehr deutlich die Bedeutung der Ebenen des Körperbewusstseins. Die Leitung sollte während der Themenerklärung genau hinschauen und hinhören. Sehr oft wird im Gehen der Weg zu den verschlossenen oder unterentwickelten Ebenen sichtbar. Es wird zudem sichtbar, wie der Gehende Zugang zu diesen Ebenen finden kann.

### Der Körper als Lehrer

Unser Körper ist immer im Moment, niemals in der Vergangenheit oder in der Zukunft. Genau aus diesen Gründen ist beim Gehen die Konzentration auf den Körper das Wichtigste. Hier sind alle Antworten und alle Lösungen jederzeit abrufbar. Welch ein Wunderwerk uns in jeder Sekunde zur Verfügung steht, ist uns meistens jedoch nicht bewusst. Im Körper können wir jede Emotion wahrnehmen und uns ihr zuwenden, indem wir die Aufmerksamkeit zu der Stelle im Körper führen, an der die Emotion wahrnehmbar ist. Hier angekommen, ist es wichtig, die Emotion ohne Bewertung zu fühlen.

Die folgende kurze Anleitung, ein Ausschnitt aus dem

Gehen, ist alltagstauglich und kann gut an den jeweiligen Moment angepasst werden:

---

### Übung

*Wo im Körper kannst du den Druck wahrnehmen? Gehe mit deiner Aufmerksamkeit zu dieser Stelle und verweile hier. Nimm diese Körperstelle wahr. Fühle, was es an dieser Stelle zu fühlen gibt, ohne nachzudenken, was es bedeuten könnte. Lass passieren, was passieren möchte. Wenn diese Stelle sprechen könnte, was würde sie dir sagen? Wenn diese Stelle eine Farbe hätte, welche wäre das? Wenn diese Stelle einen Ton hätte, welcher wäre das? Wenn diese Stelle ein Bild zeigen würde, welches wäre das?*

*Nimm alle Wahrnehmungen, Gefühle und Bilder in dein Herz auf wie in das große Herz einer liebenden Mutter. Verweile mit deiner Aufmerksamkeit und nimm nun die Stelle neu wahr. Hat sich etwas verändert? Wenn ja, was ist anders? Wenn nein, mache bitte keinen Druck, alles hat seine Zeit. Nun bleibe mit der Aufmerksamkeit an diesem Platz und nimm den Raum des Platzes wahr. Dann leite deinen Atem bewusst an diese Körperstelle. Beim Ausatmen sende deinen Atem wie einen Sommerwind zu dieser Stelle, lasse ihn hindurchwehen. Der Wind darf alles sanft reinigen und der Raum darf größer werden – er darf und muss nicht.*

*Nach einer Weile bedanke dich bei deiner Körperstelle und komme ins Tagesbewusstsein zurück.*

---

Es kann sein, dass die Emotionen aus der Kindheit oder aus vergangenen Leben an bestimmten Körperstellen gespeichert sind. Beim Hinlenken der Aufmerksamkeit an die entsprechende Körperstelle werden diese wahrnehmbar. Nun ist es wichtig, diese nicht aus Angst, sie könnten uns überfluten, wegzuschieben. Sie würden sonst wieder unterdrückt werden, im Unbewussten bleiben und dort aktiv Auswirkungen auf unser Leben haben. Sie könnten zu Symptomen, wie zum Beispiel Panikattacken, führen und wir hätten keine Ahnung, wie es dazu gekommen ist.

Alle unterdrückten Gefühle bekommen ein eigenständiges Leben, das uns nicht bewusst oder zugänglich ist. Trotzdem lebt es in unbewusster Weise in uns, abgespalten, für das Bewusstsein nicht fühlbar, untergründig in unserem Leben aktiv. Alle abgespaltenen Gefühle bekommen ein Eigenleben, vor allem die, die wir schon seit langer Zeit immer wieder wegdrücken. Gefühle der Schuld, Scham, Kleinheit und Angst aus der Kindheit, die immer unterdrückt wurden, werden auf einer anderen Ebene lebendig. Sie können jederzeit mittels der oben genannten Übung wahrgenommen werden. Dadurch kommt es zu einer Annahme der unterdrückten Emotionen. Sie dürfen endlich zu uns gehören, werden im großen Herzen angenommen und dadurch verändern sie sich. Sie müssen nicht mehr separiert leben. Es können Wunder passieren, da wir durch diese Annahme immer mehr ganz werden. Die logische Folge ist, dass unser Leben immer stimmiger, erfüllter und geheilter wird, es entspricht uns immer mehr. Welche teilweise unentdeckten Wunder jederzeit in unserem Körper auf uns warten, ist uns großteils nicht bewusst.

Eine weitere heilbringende Möglichkeit ist es, die an einer Körperstelle gespeicherte Information im Moment zu vergrößern, sie so groß und intensiv wie nur irgendwie möglich zu machen. Das bedeutet in der Praxis, dass die Person die wahrnehmbare Emotion im Herzen vergrößert. Das gilt für alle Emotionen und Körperempfindungen, nicht nur für die vermeintlich guten, sondern besonders für die von uns negativ bewerteten Emotionen wie Druck, Enge usw. Das erfahrbare Prinzip ist, dass sich der im Herzen erfahrene Druck verändern kann. Der Mensch hat diesen Druck real erlebt, die Erfahrung wurde gemacht. Dies gilt auch für den Wunsch zu schreien oder für Wut. Wird diese einmal ganzkörperlich intensiv ausgedrückt, ist sie nicht mehr im Körper unterdrückt und damit frei. Dann hat man sich in diesem einen Aspekt freigegangen.

Die eben erwähnten Übungen sind alltagstauglich und können schnell und einfach zur Anwendung kommen. Sie benötigen kein spezielles Setting, lediglich etwas Übung und ein paar Wiederholungen. Es kann wichtig sein, mit manchen Körperempfindungen oder Emotionen öfter zu praktizieren. Die Übung wird sich immer wandeln und die Körperstelle gibt sukzessive alle gespeicherten Botschaften frei.

*Ganzkörperliche Erfahrung*

Das Gehen in der Gruppe ist für alle Teilnehmer eine ganzkörperliche Erfahrung. Nicht nur die am Gehen Beteiligten, sondern auch die unbeteiligten, im Kreis sitzenden Personen sind stark ins Geschehen involviert. Die meisten verspüren diverse Empfindungen im eigenen Körper oder werden von starken Emotionen überflutet. Der Grund dafür ist, dass das eigene Energiesystem mit dem Geschehen in Resonanz geht. Der eigene Körper wird von der Handlung im wissenden Feld berührt und das ist spürbar. Verborgene Themen werden an die Oberfläche gebracht und damit sichtbar und lösbar. Die Reaktionen werden zwar vom Gehenden ausgelöst, sie berühren im Körper jedoch eigene mehr oder weniger verborgene Thematiken. Durch die Resonanz und das

Gehen als Stellvertreterin werden einige Themen im eigenen Energiesystem in Bewegung gebracht und meistens gleich mitgelöst. Manchmal löst ein Thema, das man für jemand anderen geht, etwas in einem selbst aus. Das ist körperlich und emotional wahrnehmbar, bei manchen Themen mehr und bei manchen weniger.

Wichtig ist für alle Beteiligten, ihr persönliches Befinden nicht in das momentan im Feld aktive Thema zu projizieren. Eine alte Weisheit besagt: »Was du in dir spürst, ist deines!« Wenn jemand in uns Wut auslöst, geben wir ihm oft die Schuld dafür. Wir übersehen dabei, dass es unsere Wut ist, die ausgelöst wurde. Wenn mich jemand verletzt, indem er mich zurückweist, dann hat die in mir spürbare Verletzung mit mir zu tun. Es ist meine Verletzung, die durch die Situation für mich spürbar wird. Der andere hat sie durch sein Verhalten lediglich ausgelöst. Schaue ich nun auf mich, lasse den Schmerz zu und frage mich, wo ich mich selbst zurückweise, mir selbst nicht treu bin usw., dann kann sich etwas ändern.

Wir können mit verschiedenen Ebenen in Resonanz gehen. Es kann sein, dass jemand körperliche Beschwerden wie Kopfschmerzen, Rückenschmerzen oder Schwindel bekommt. Es kann sein, dass Emotionen wie Trauer, Wut, Neid, Freude oder Kleinheit hochkommen. Es kann sein, dass jemand ganz komische Gedanken hat, wie: »Der wird schon sehen, das kann ich besser, ich finde, das ist ein Dummkopf.« Es kann sein, dass Menschen unsichtbare Energien im Raum wahrnehmen. Das alles kann zutreffen, muss es aber nicht. Es ist in der Gruppe unterschiedlich, was und bei wem überhaupt etwas in Resonanz geht.

Wenn die Themen für die Teilnehmer zu heftig sind, kann man innerlich aussteigen, indem man sagt: »Ich steige aus, ich kümmere mich später darum.« Das gilt es dann auch wirklich zu tun. Man kann auch aufstehen und sich weiter nach außen begeben oder den Raum verlassen. Wichtig ist, nicht zu vergessen, dass das, was ich spüre, mit mir zu tun hat.

Die intuitive Auswahl der Stellvertreterinnen ist ebenfalls kein Zufall. Wenn man in einer Gruppe ausgewählt wird, ein Thema für jemand zu gehen, dann hat dieses Thema sicher etwas mit einem selbst zu tun. Manchmal ist das der gewählten Stellvertreterin gleich klar, manchmal kommt die Erkenntnis später. Es kann sein, dass du das Thema aus der Vergangenheit kennst oder dass Aspekte davon bei dir ähnlich sind. Möglicherweise bist du auch einfach die Person im Raum, die am meisten darüber weiß oder zu zeigen in der Lage ist. Dieses Faktum irritiert Menschen am Anfang des Öfteren. Das Besondere ist, dass die Auswahl punktgenau und zielsicher funktioniert, ohne dass sich die Teilnehmer einer Gruppe kennen.

Meistens spürt man bei der Besprechung und Auswahl des Themas schon irgendwie, dass man gleich gebeten wird, als Stellvertreter zu gehen. Beim Gehen des Themas für jemand anderen löst man die eigenen Anteile zu der Thematik gleich mit. Es darf sich also auch für den Gehenden etwas zum Besseren wenden. Zusätzlich werden viele Anteile des Themas in der Gruppenenergie in Bewegung gebracht.

Es ist immer wieder schön zu beobachten, wie die Prozesse am Anfang des ersten Tages bei einem Wochenendseminar länger dauern. Das ändert sich im Laufe des Wochenendes, bis es zu kurzen Sequenzen kommt, die die Lösung sozusagen auf dem Tablett servieren. Länge und Kürze des Gehens haben nichts mit der Intensität des Themas zu tun, sondern lediglich mit den Gruppenprozessen. Ist schon viel abgearbeitet, geht alles scheinbar schnell und einfach.

Ich liebe es, Themen zu gehen, denn durch das Gehen mache ich Erfahrungen, die ich in meinem normalen Leben nicht machen kann. Durch das Gehen werde ich immer urteilsfreier, das Erleben so vieler unterschiedlicher Rollen macht demütig vor dem Leben als solches.

*Die Ebenen des Körperbewusstseins*

Im Folgenden sind noch die einzelnen Ebenen des Körperbewusstseins genauer beschrieben. Das hilft dir bei der Beobachtung und Einschätzung des Prozesses der Gehenden.

Die *physische Ebene des Körperbewusstseins* unterteilt sich in Zustand und Befinden des physischen Körpers. Dazu gehören Symptome aller Art: Verspannungen, zu wenig Energie, Müdigkeit – alles, was über den Körper ausgedrückt wird – sowie Empfindungen wie Druck, Schwere, Enge, Kälte, Hitze, Kribbeln, Schauer, Weite und Wärme. Menschen mit einem Thema auf der physischen Ebene sprechen über Symptome oder Empfindungen, sie verspüren Druck oder Enge usw. Zu dieser Ebene gehören alle Erkrankungen oder die Auswirkungen psychischer Erkrankungen auf den Körper. Starke körperliche Symptome wie Schmerzen haben oftmals den Hintergrund, dass der Körper wahrgenommen werden will. Es kann sein, dass zu Beginn des Gehens die Aussage von den Stellvertreterinnen kommt, sie könnten nichts wahrnehmen oder spüren. Es ist dann nicht so, dass sie nicht in der Rolle sind, es ist nur so, dass die Klientin den Körper kaum wahrnehmen kann. Für Menschen, bei denen der Körper ihre individuellen Lebensthemen ausdrückt, ist es empfehlenswert, nach dem Gehen eine Körpertherapie in Anspruch zu nehmen. Du unterstützt den Körper so dabei, leichter und schneller zu gesunden. Der Körper ist verdichtete Energie, die zu Materie wurde, und so braucht es eventuell Unterstützung von außen, damit der Gesundungsprozess einfach vonstattengeht.

Die *emotionale Ebene* umfasst alle Gefühle, die wir wahrnehmen und ausdrücken, zu unterdrücken versuchen oder nicht fühlen können, da wir es verlernt haben. Das sind u.a. Freude, Wut, Angst, Liebe, Zugehörigkeit, Einsamkeit, Größe, Kleinheit, Schüchternheit, Eifersucht und Stolz.

Menschen mit einem Thema auf der emotionalen Ebene haben starke Gefühlsschwankungen oder kommen mit ihren Gefühlen nicht klar. Es kann auch sein, dass sie ihre Gefühle gar nicht fühlen können. Die emotionale Ebene wird in der westlichen Welt gerne negiert oder es gibt im Vergleich zu den anderen Ebenen keinen natürlichen gleichberechtigten Umgang damit. Wir haben gelernt, Gefühle in bestimmten Bereichen zu unterdrücken, da sie z.B. in der Arbeitswelt unpassend sind. Gute Fragen für mehr emotionale Bewusstheit sind: Was fühlst du? Was kannst du nicht fühlen? Welche Gefühle kennst du gar nicht? Wie wurde in der Familie mit Gefühlen umgegangen? Wie gehst du mit Gefühlen um?

Die *mentale Ebene* umfasst all unsere Gedanken, unsere Haltungen und unsere Glaubenssätze über das Leben, über uns selbst und die Menschen. Das sind u.a. Kummer, Sorgen, Glaubenssätze, Meinungen, Ziele und materielles Denken, Bewertungen, Manipulation, Schlauheit, Zweifel, Berechenbarkeit und Unberechenbarkeit. Alle geschriebenen Texte sind letztendlich für die mentale Ebene bestimmt, auch wenn der Inhalt andere Ebenen betrifft und berührt. Menschen mit einer Themenstellung auf der mentalen Ebene versuchen, alles mit dem Verstand zu erklären. Sie kennen kreisende Gedanken, Unsicherheit und Selbstzweifel, sie sind geprägt von Vorstellungen, wie ihr Leben und ihr Erfolg zu sein haben. Die hartnäckigen Glaubensmuster und die mangelnde Erfüllung ihrer Vorstellungen führt sie zu Selbsterfahrungsmethoden wie *Geh Dich Frei*. Im beruflichen Kontext sind Fragestellungen auf dieser Ebene üblich und normal. In diesem Kontext werden die anderen Ebenen oftmals zur Gänze ausgeblendet. Es gibt jedoch zum Glück immer mehr Firmen, die den ganzen Menschen sehen, und Menschen, die diese druckvollen und freudlosen Jobs verlassen.

Die *spirituelle Ebene* unterteilt sich in die energetische Ebene und die seelische oder geistige Ebene: Die *energetische Ebene* beinhaltet die verschiedenen Stufen des Energiekörpers. Wie viele Stufen dieser wirklich hat, ist uns Menschen meiner Meinung nach nicht bekannt. Es gibt dazu unterschiedliche Aussagen. *Die seelische oder geistige Ebene* umfasst das Spüren von Fremdenergien, von Seelen, von Energiewesen wie Engeln und Naturwesen, das Spüren von Energien in Häusern und auf Plätzen. Hier geht es auch um den Umgang mit der eigenen inneren Stimme und darum zu lernen, auf das Herz zu hören. Auch Meditationen, Channelings usw. gehören in diesen Bereich. Aufgrund dieser Ebene wurden in früheren Zeiten Menschen ermordet, es kam zu Hexenverbrennungen, Verfolgungen, Kreuzzügen, heiligen Kriegen u.v.m. Man kann sich vorstellen, wie leidvoll und groß die Auswirkungen einer sich nicht in Balance befindlichen und unfreien spirituellen Ebene sind. Dieses Faktum ist noch immer auf der Erde beobachtbar. Die spirituelle Ebene wird in den verschiedenen Erdteilen völlig unterschiedlich gelebt, hat eine unterschiedliche Resonanz und Freiheit. Sie hat im Positiven wie im Negativen noch immer große Auswirkungen auf die Menschheit. Es gibt Glaubenskriege, die Unterdrückung der Frauen, die Macht der katholischen Kirche, es gibt Gesetze, die Rituale in der Öffentlichkeit verbieten, es gibt Gurus in Indien und Ayurveda, es gibt Yoga und Meditation, es gibt Schamanismus, es gibt Voodoo und Kräutermedizin, Homöopathie, Akkupunktur, Traditionelle Chinesische Medizin, Engelessenzen, Energiebehandlungen, Lichttherapie und noch vieles mehr. Es gibt Kinder und Menschen, die unsichtbare Dinge sehen können, wie Engel, Feen und andere Wesen. Es gibt Weise und Mönche in Klöstern, die keinerlei Nahrung zu sich nehmen, dabei sehr alt werden und dennoch nicht verhungern. Die spirituelle Ebene stößt oft auf Extreme der Ablehnung oder Anziehung. Das ist für mich ein Zeichen, dass auf dieser Ebene noch keine

Balance herrscht. Mein Fazit ist: Alles ist da und das, worauf wir unseren Fokus richten, wird in unserem Leben Bedeutung bekommen. Die Energie folgt der Aufmerksamkeit. Sehr oft kommen Menschen mit Themen auf dieser Ebene in die Praxis, da sie unsicher sind, ob sie nicht verrückt sind. Sie trauen sich nicht, über ihre Wahrnehmungen zu sprechen. Immer häufiger kommen Menschen, die unerklärbare körperliche Symptome haben, für die die Medizin keine Ursachen feststellen kann. Manchmal führen ungewöhnliche Kinder ihre Eltern auf alternative Wege. Manchmal sind wir an Scheidepunkten im Leben und irgendetwas in uns weiß, dass es noch mehr geben muss. Wir beginnen uns selbst zu suchen und finden uns mit vielen Fragen wieder.

## Besondere Klienten-Gruppen

### Kinder

Beim Gehen für Kinder gilt es besonders achtsam zu sein. Eine wichtige Vorkehrung ist es, dass Kinder bis zum Ende des Grundschulalters zu Hause bleiben und die Eltern allein kommen. Die Kinder bleiben aus zwei Gründen zu Hause:

- Weil das Thema sehr oft mit den Eltern zu tun hat.
- Weil es für Kinder eine zu starke Erfahrung sein könnte, im Raum zu sein, denn Energie kommt bei Kindern ungefiltert an. Sie haben weder Widerstände noch Filter, sprich Blockaden, eingebaut.

Es kommt gegenwärtig immer öfter vor, dass Kinder medizinisch festgestellte Symptome haben, aber keine Therapien greifen. Oder Kinder legen ein Essverhalten an den Tag, das alle im Umfeld bedenklich stimmt. Kinder weinen vielleicht grundlos oder es ist ihnen unmöglich, mit dem Schulbus zu fahren, sie wollen nicht mehr zur Schule gehen, sind ständig krank, haben eine Kinderdepression usw. Oftmals setzen Kindergarten und Schule die Eltern dann stark unter Druck. Sie sagen, das Kind sei gefährdet und sein Verhalten nicht tragbar. Die Eltern werden von der Schule aufgefordert, das Kind »passend« zu machen, es soll sich entsprechend verhalten. Die Eltern unternehmen dafür alles und landen oft, im letzten Ausweg, bei alternativen Herangehensweisen.

Hier werden Eltern meistens mit für sie sehr neuen Dingen und Umständen konfrontiert. Sie dürfen ihren eigenen Erziehungsauftrag neu definieren. Denn es ist wichtig, das Kind als vollkommen zu sehen und es in seinen Bedürfnissen und Belangen zu unterstützen. Den gesellschaftlichen Druck an die Kinder weiterzugeben, funktionierte scheinbar noch in der Generation der Eltern. Aber die heutigen Kinder halten an ihrem Verhalten fest. Sie benötigen daher neue Herangehensweisen.

Dies ist für alle Beteiligten eine Herausforderung, wie du im ausführlichen Praxisfall am Ende des Buches (Fallbeispiel 18) nachlesen kannst, doch es lohnt sich sehr für alle. Der Weg dahin ist nicht einfach und es ist wichtig, dass die Eltern wissen: Mein Kind ist kein Irrtum der Schöpfung, es kam mit allem auf die Welt, was es braucht, um seinen Weg zu gehen. Ich bin da, um hinter meinem Kind zu stehen und ihm ein möglichst unbeschadetes Wachsen zu ermöglichen. Es ist nicht meine Aufgabe als Mutter oder Vater, dem Kind zusätzlich Druck zu machen oder an ihm zu zweifeln. Es ist richtig so, wie es ist. Meine Aufgabe ist es, möglichst optimale Bedingungen für meine Kinder zu schaffen.

Wie schwierig das ist, kann sich jeder vorstellen, denn wir haben nicht gelernt, die Dinge im Leben aus einer Adlerperspektive zu beobachten und uns für die Lernbotschaft hinter den Umständen zu interessieren. Ganz im Gegenteil, für die meisten Menschen galt es, in erster Linie zu funktionieren. Für die Augen Unsichtbares, wie Energien, war nicht vorhanden. Die gesamte Quantenphysik und andere Erkenntnisse wurden vom Großteil der Bevölkerung schlichtweg negiert. Sicher gab es auch offene und fortschrittliche Familien, in denen Kinder andere Bedingungen erlebten. Ich behaupte allerdings, dass das eher selten der Fall war.

Beim Gehen für Kinder ist besonderes Augenmerk darauf zu legen, dass das Geh-Ergebnis sofort und ungefiltert beim Kind ankommen wird. Deshalb gilt die strenge Regel: Ein Thema reicht! Die Kinder reagieren oft zeitgleich in der Schule oder zu Hause auf das, was in der Praxis gegangen wird, obwohl sie nicht im Raum sind. Infolgedessen ist es wichtig, abzuwarten und Zeit für die Integration des Ergebnisses für das Kind und für die Familie zu geben. Nun kann sich etwas verändern. Eltern haben die Aufgabe, im Umgang mit dem Ergebnis achtsam und bewusst zu sein. Es muss dem Kind gar nichts erzählt werden, diese Informationen überfordern Kinder oft. Es darf dem Kind andererseits alles erzählt werden, da gibt es keine Regel. Ergebnisse hängen nicht von Informationen ab, das glaubt nur unser Verstand, das Gegenteil wird bei Kindern sichtbar.

Kinder sind im Jetzt, sie haben keine Widerstände und Glaubensmuster. Die entwickeln sie erst im Laufe ihrer sogenannten Erziehung und der Schulbildung. Diese Systeme werden hoffentlich für viele Menschen immer fragwürdiger, denn hier scheint ein großer politischer und gesellschaftlicher Umdenkprozess notwendig zu werden. Die Kinder führen uns zielsicher dorthin.

Sie sind empfänglich für die Natur, sehen Energiewesen, sind mit einem scheinbar unglaublichen Wissen verbunden, erinnern sich an Dinge aus einer anderen Zeit, erscheinen uns sehr weise, sagen Dinge, die uns verunsichern, wissen Dinge, die man nicht wissen kann, und manche Medikamente greifen bei ihnen nicht. Nein, sie sind nicht verrückt, sie sind komplett ausgestattet mit allem, was sie für ihr Leben brauchen. Sie passen nur nicht in das bestehende Schulsystem und alte Erziehungsstile. Ihre Eltern sind oft durch die oben genannten Umstände überfordert, da sie sich selbst bisher nicht mit solchen Dingen beschäftigt oder diese als »Esoterik-bla-bla« abgelehnt haben.

Die Kinder der Jetztzeit haben eine unglaublich feine Energie, d.h., ihr Körper reagiert sehr leicht und schnell auf alternative Medizin. Daher sollten unsere Maßstäbe nicht auf Kinder angewandt werden. Das dürfte die schwierigste Aufgabe sein, denn wir handeln oftmals so, wie wir es gelernt haben. Wenn dann junge Eltern alles bestens machen wollen, geraten sie in eine Zwickmühle. Die Ärztin rät ihnen etwas und spricht ihnen die Verantwortung für das Kind ab. Das sät Zweifel, da sie natürlich das Beste für ihr Kind wollen. Es bedarf noch immer einer großen Standfestigkeit und Klarheit, wenn man als Eltern alternative Wege wählt. Hier ist es gut, in Kontakt mit gleichgesinnten Eltern zu sein, sich eine homöopathische Ärztin des Vertrauens zu suchen und – ganz wichtig – der eigenen Intuition zu vertrauen. Ebenfalls wichtig ist es, die Reaktionen des Kindes zu beobachten, und hier kann *Geh Dich Frei* eine echte Hilfe sein. Die Belange des Kindes können mit Hilfe einer neutralen Leitung außerhalb des eigenen Systems gegangen werden. Es gibt Antworten, die den Eltern den Weg zeigen und ihnen Sicherheit im Handeln geben.

Noch ein wichtiger Hinweis für alle Eltern von Kindern, die ab ungefähr 1991 geboren sind: Bitte hört ihnen zu, sie haben neue Ideen für diese Welt. Sie sind nicht auf dieser Erde, um zu funktionieren. Sie gehören zu der Generation, die unsere Gesellschaft stark verändern wird. Sie leiten den Übergang ins astrologische Wassermannzeitalter ein. Es beginnt im Jahr 2024, aktuell sind wir am Ende des Fische-Zeitalters. Das wird in der heutigen Gesellschaft immer sichtbarer werden.

## Fallbeispiel 12: Asperger-Syndrom

Thema: Karlas Wunsch und ihre Intention sind, durch das Gehen zu erfahren, was ihr Sohn Max braucht. Dahinter steht der Wunsch, ihn besser zu verstehen und dadurch der ganzen Familie das Leben zu erleichtern. Das Ansinnen der Mutter war keinesfalls, etwas an ihrem Sohn oder an seinem Asperger-Syndrom zu verändern.

Klientin: Karla

Setting: Geh-Dich-Frei-Ausbildungsgruppe

Rollen: Max und ein Zettel, auf dem die Frage geschrieben steht, was Max braucht, um sich in der Familie gut zu fühlen. Niemand im Raum weiß, was auf dem Zettel steht.

Stellvertreterin: Die Mutter Karla geht ihren Sohn Max selbst.

Leitung: Regina Hauser

Prozess des Gehens: Es wird lösungsorientiert gegangen.

*Karla beginnt das Gehen, indem sie laut sagt: »Ich bin jetzt mein Sohn Max.« Dann stellt sie fest: »Es wäre alles so leicht, wenn sich nicht alles um mich drehen würde.« Weiter geht es mit der dringenden und lauten Aufforderung: »Lasst mich in Ruhe!«*

*Ich gebe ihr einen Zettel mit dem im Vorfeld besprochenen Anliegen. Darauf steht: Was brauchst du? (Die Mutter und die Gruppe wissen nicht, was auf dem Zettel steht.) Sie nimmt den Zettel und hält ihn zusammengefaltet in den Händen. Der Zettel löst eine unmittelbare Reaktion aus. Sie sagt: »Das ist nicht wichtig.« Sie steckt ihn in die Hosentasche und spricht weiter: »Ich komme, wenn ich was brauche, ich weiß, dass du da bist. Es ist fein, wenn ich nicht im Mittelpunkt bin, es gibt auch andere in der Familie!«, sagt sie erleichtert. Sie schaut in die Runde und ihr Gesicht strahlt. Sie sagt, dass es ihr jetzt sehr gut geht in der Familie und dass sie ihnen für ihr Verständnis dankbar ist. Mit dem Wort »Danke« beendeten wir an dieser Stelle das Gehen.*

Fazit: Karla resümierte das Gehen mit der Erkenntnis: »Ich darf Max in Ruhe lassen und meinen eigenen Weg gehen. Es geht ihm gut, wenn er seine Ruhe hat, er weiß, dass er jederzeit kommen kann. Ich darf ›wegschauen‹ auf mich, auf seine Geschwister und auf mich und meinen Mann als Paar.

Ich darf losgehen in meine Zukunft.«

## Tiere

Auch Tiere können gegangen werden. Sie unterscheiden sich von Menschen dadurch, dass sie kein Familiensystem haben, das es zu beachten gilt. Auch haben sie keine abrufbare Vergangenheit oder Zukunft, um die sie sich sorgen. Ihr Leben ist im Moment, im Jetzt.

Wenn Tiere Probleme machen oder krank sind, kann dies gegangen werden. Die Tierhalterinnen sollten sich dabei bewusst sein, dass das Verhalten der Tiere fast immer etwas mit den Besitzern zu tun hat.

So ging ich in meiner Praxis eine Katze, deren Besitzerin darüber klagte, dass sie neuerdings ständig im Haus urinierte. Das tat sie erst seit ungefähr einem Monat. Der Tierarzt konnte keine Erkrankung feststellen. Es wurde schon zur Belastung für alle.

Ich war also das Symptom der Katze Mimi. Ich war

nach kurzer Zeit sehr, sehr traurig. Ich wusste gar nichts anzufangen mit dieser Traurigkeit, ich war es einfach und wusste nicht warum. Ich machte überall hin, ich konnte nicht anders, da war so viel Wasser. Ich holte die Tierhalterin ins Feld und sie begann sogleich zu weinen. Je mehr sie weinte, desto leichter und freier wurde ich. Ich konnte auf einmal wieder hüpfen. Ich wollte spielen und fühlte mich jünger. Ich freute mich und wollte raus in die Natur laufen.

Die Tierhalterin weinte ihre ungeweinten Tränen, dies ging noch längere Zeit so. Das Einnässen der Katze hörte allmählich auf.

Tiere lehren uns gewisse Verhaltensweisen, sie weisen oft auf Umstände im Leben der Tierhalterinnen hin. Tiere habe keine Widerstände und das Gehen kommt wie bei Kindern direkt an. Also ist auch hier Vorsicht geboten, man sollte nicht zu viel auf einmal machen.

Eine Kursteilnehmerin erzählte mir einmal, dass ihre Katze, während sie gegangen wurde, sehr auffällig durch das Haus lief und immer wilder wurde, sie fauchte und schrie laut. Als das Gehen in Richtung Lösung und Erkenntnis kam, wurde die Katze ruhig. Sie schlief daraufhin den ganzen nächsten Tag. Das Problem war weg.

Es gibt *Geh-Dich-Frei*-Praktizierende, die sich auf das Gehen von Tieren spezialisiert haben, da hier andere Ansätze einfließen können. Dieser Ansatz würde auch perfekt zu alternativen Tierärztinnen passen, da dies die Methode der Wahl ist, wenn es scheinbar keine Antworten gibt. Die Veterinärmedizin kann *Geh Dich Frei* gut als weiteren Zugang nutzen.


*Menschen mit besonderen Bedürfnissen*
In diesem Bereich geht es keinesfalls darum, Menschen mit besonderen Bedürfnissen verändern oder heilen zu wollen.

Im Gegenteil, das Gehen wendet sich stattdessen an die Betreuer und kann ein großartiges Instrument sein, um die Klienten besser zu verstehen. Es ist wichtig, vorab daran zu erinnern, dass es unzulässig ist, aus Neugier zu gehen oder aus dem Wunsch heraus, den anderen Menschen nach den eigenen Vorstellungen zu verändern. Ich drücke dies bewusst sehr deutlich aus, denn ich weiß, dass Menschen in der Regel helfen und das Beste für ihre Klienten wollen, sich dabei aber oft von den eigenen Vorstellungen oder Wünschen leiten lassen. Daher muss beim Gehen unbedingt darauf geachtet werden, dass es beendet wird, wenn der Punkt des Verstehens erreicht ist. So ein Gehen verändert trotzdem sehr viel bei allen Beteiligten. Die Betreuer verstehen die Botschaft hinter dem Verhalten der Klientin und die Klientin muss es nicht mehr so exzessiv zum Ausdruck bringen. Es kann zusätzlich die Lernbotschaft für den Betreuer gegangen werden. Jede Situation, die uns begegnet und in irgendeiner Form bewegt, hat ja eine Aussage oder Botschaft für uns selbst.

Wichtig ist es auch, vor dem Gehen die jeweilige Zuständigkeit zu überprüfen. Die direkte Betreuerin einer Person trägt die Verantwortung und darf deshalb auch Schritte tun. Je nach dem Ausmaß der Beeinträchtigung sollte der Klient über die Maßnahme in Kenntnis gesetzt werden. Das ist für mich ein Grundprinzip, denn niemand möchte und sollte über seinen Kopf hinweg »behandelt« werden.

### Alte Menschen

In Bezug auf Einwilligung, Zuständigkeit und Grenzen des Gehens gilt das Gleiche, was im Kapitel für Menschen mit besonderen Bedürfnissen beschrieben wurde. Hinzuzufügen ist noch, dass alte Menschen irgendwann ihre Widerstände und Blockaden wieder verlieren und dann zur Gänze durchlässig sind. Was ich im Abschnitt für Kinder ausführlich beschrieben habe, gilt daher auch für alte Menschen. Ab welchem Alter das der Fall ist, lässt sich nicht mit einer konkreten Altersangabe beantworten. Stattdessen sind die folgenden Merkmale ausschlaggebend:

- Wenn sie nicht mehr recht haben müssen.
- Wenn sie nichts mehr haben und erreichen müssen.
- Wenn sie mit ihrem Leben einverstanden sind, egal was die Familie dazu meint.
- Wenn sie gelassen und ruhig sind.

Diese Merkmale werden nie zur Gänze in einem Menschen präsent sein, aber eine wahrnehmbare Veränderung in diese Richtung hat stattgefunden. Die Frage, ob die entsprechenden Menschen alt oder nicht alt aussehen, ist ebenfalls wenig hilfreich. Davon sollte man sich nicht täuschen lassen. Hilfreicher ist die Betrachtung des Verhaltens, sie werden ruhiger, gütiger, friedlicher, verstehender. Sie werden weise.

# Das Gehen für Firmen und Projekte

An dieser Stelle möchte ich noch das Gehen für Firmen und Projekte betrachten. Ich liebe das Gehen im Unternehmensbereich besonders, denn ich sehe so gerne, wie einfach und wunderbar die Methode *Geh Dich Frei* Erkenntnisse und Lösungen liefert. Das Gehen als Zugang zur Problemlösung und Entscheidungsfindung ist für viele Unternehmen neu und noch sehr ungewöhnlich, bietet aber unendlich viele Möglichkeiten und Settings.

Ich bevorzuge es, in diesem Bereich mit erfahrenen Geherinnen zu arbeiten, da eine zusätzliche Einführung in die Technik des Gehens, wie sie ansonsten in Workshops stattfindet, für die Anliegen der Firmen nicht zu empfehlen ist. Der Auftrag an sich ist bereits genau definiert und die Unternehmen möchten konkrete Antworten auf ihre Fragestellung. Möglicherweise kommen die Antworten anders als erwartet oder die Antworten finden sich auf einer anderen Körperbewusstseinsebene als die Fragestellung. Diese aus der Erfahrung bekannte Tatsache kläre ich in der Vorbesprechung ab.

Ich empfehle eine komplexe Vorbereitung des Gehens in Form eines Gespräches. Das Vorgespräch besteht aus einer Erklärung der Methode, einer Geh-Demonstration und aus der Erarbeitung eines Zielkatalogs.

## Bestimmung

Marja de Fries sagt in *Nur der Elefant ist die ganze Wahrheit*: »Im Leben und in unserer Arbeit erleben wir sehr oft, dass wir genau die Menschen, Ereignisse und Umstände anziehen, die uns helfen, das höchste Ideal zu verwirklichen. Wenn wir jedoch Zugeständnisse machen und uns mit weniger als dem zufrieden geben, was wir uns am meisten wünschen – uns mithin gegen unsere seelische Bestimmung entscheiden, dann bedeutet dies für uns viel harte Arbeit ganz ohne jene ›Hilfe wie von Zauberhand‹, und am Ende werden wir unser größtes Ziel doch verfehlen.«[6]

Wir sind in allen Bereichen des Lebens aufgerufen, unserer Bestimmung zu folgen. Gerade im Bereich der Arbeit bekommt dies immer mehr Bedeutung. Ihre Bestimmung ist vielen Menschen unklar und sie sind oft erstaunt, dass sie genau das ist, was sie als Kind besonders gern getan haben, schon immer werden wollten oder was ihnen schon immer leichtgefallen ist. Sehr oft sind große Ängste mit dem Leben der eigenen Bestimmung gekoppelt.

Der eigenen Bestimmung, Wahrheit oder den eigenen Träumen zu folgen, ist in Unternehmen oftmals eine grundsätzliche Frage. Bewusstsein über die eigene Bestimmung zu erlangen, macht vieles im Leben einfacher, denn die Bestimmung lässt sich ziemlich sicher in einen Job integrieren. Sie zu leben, kann ein Weg sein, zu dem *Geh Dich Frei* wertvolle Antworten liefern kann.

## Möglichkeiten

*Geh Dich Frei* hat das Potenzial, unglaublich schnell Antworten zu den Hintergründen eines betrieblich belastenden

Umstandes zu liefern. Entscheidungen können dadurch innerhalb kürzester Zeit klar werden. Die Möglichkeiten sind schier unbegrenzt. Unerlässlich ist, wie gesagt, ein umfangreiches Vorgespräch, da sonst eine gewisse Überforderung mit den aus dem Gehen geschöpften Antworten auftreten könnte. Es darf davon ausgegangen werden, dass Probleme in Firmen eine bis jetzt verborgene Aussagekraft haben, die *Geh Dich Frei* an die Oberfläche bringt. Hierzu gehört jedenfalls der Mut seitens der Verantwortlichen, sich diesen Hintergründen zuzuwenden.

Das Gehen und Erkennen bewirken zuerst eine grundlegende Veränderung der Sichtweise auf das Problem. *Geh Dich Frei* zeigt dann auch die zu erledigenden Handlungsabläufe. Es gibt erfahrungsgemäß immer ein Potenzial hinter dem problematischen Umstand, das *Geh Dich Frei* sichtbar, erkennbar und umsetzbar machen kann. Es werden alle Schritte geklärt, aber die Entscheidung, was davon umgesetzt wird, sowie die Umsetzung selbst obliegen dann dem jeweiligen Betrieb.

Es besteht zum Beispiel die Möglichkeit, neue Produkte mittels der bereits erwähnten Legetechnik auf Kundenattraktivität hin zu überprüfen. Diese Technik erleichtert Entscheidungsfindungen, indem sie Klarheit auch in komplexe Anliegen bringt.

## Handlungskompetenzen

Ein wichtiger Part des Vorgesprächs ist die Klärung der Handlungskompetenzen. In Betrieben gilt es, die Gesetze der systemischen Ordnung einzuhalten, die besagen, dass nur in Bereichen der eigenen Handlungskompetenz gearbeitet werden kann. Eine Abteilungsleiterin kann die Belange der in ihrer Verantwortung liegenden Bereiche gehen. Sollte das Problem in der Geschäftsleitung angesiedelt sein, hat das zwar Auswirkungen auf die Abteilung, es liegt jedoch nicht in der Kompetenz der Abteilung und der Abteilungsleiterin, an diesem Problem zu arbeiten. Die Abteilungsleiterin kann lediglich am bestmöglichen Umgang mit den Auswirkungen arbeiten. Weiters kann die Abteilungsleiterin alles gehen lassen, was ihre Abteilung betrifft und wofür sie die notwendige Kompetenz hat, Handlungen oder Änderungen anzustreben.

Als Angestellter dieser Abteilung kann ich meinen Arbeitsbereich mit *Geh Dich Frei* klären und meine persönlichen Lernbotschaften gewinnen, die Bereiche der Abteilungsleitung sind aber nicht im Zuständigkeitsbereich der Angestellten. Genauso liegen die Angelegenheiten der Geschäftsleitung in deren Verantwortung, auch wenn die Entscheidungen der Geschäftsleitung Auswirkungen in alle Bereiche des Unternehmens haben.

Die Klärung der Handlungskompetenz ist ein wichtiger Teil der Vorbesprechung und hilft bei der Erarbeitung der zu gehenden Fragestellungen.


## Setting

Das tatsächliche Setting für den Ablauf des Gehens wird ebenfalls im Vorgespräch vereinbart. Zur Klärung des Settings werden die verschiedenen Möglichkeiten dargestellt und dann wird abgewogen, welches Setting den Fragestellungen am meisten dient. Die Möglichkeiten gehen von der Einzelarbeit bis hin zur Gruppenarbeit unter Miteinbeziehung mehrerer Personen.

Ich komme üblicherweise zum Vorgespräch in den Betrieb, um mir ein besseres Bild machen und dadurch mehr »richtige« Fragen einbringen zu können. Das Setting hängt, wie gesagt, von den Themenstellungen ab. Eine Entscheidungshilfe für die Geschäftsleitung wird selten unter Einbeziehung vieler Menschen gegangen. Die Auswirkung und der bestmögliche Umgang verlangen in der Regel ein Setting mit den unmittelbar Betroffenen.

## Der Prozess des Gehens in Firmen

Letztendlich besteht das Gehen auch im Firmenkontext aus den bereits beschriebenen drei Schritten. Der erste Schritt ist die *Vorbereitung* einschließlich des Vorgesprächs. Dies beinhaltet in diesem Fall die Erklärung und Demonstration der Methode *Geh Dich Frei*, die Klärung der Handlungskompetenz, die Vereinbarung des Settings und die Erarbeitung des Zielkatalogs. Die Ergebnisse des Vorgesprächs sind im Zielkatalog festgehalten, er enthält die zu gehenden Themen, eine Zielformulierung und das Setting. Der Unternehmerin wird dieser Katalog per E-Mail als Gesprächsunterlage zugestellt. Wenn alle Punkte klar sind, wird ein Termin vereinbart.

Im zweiten Schritt erfolgt das Gehen selbst. Das Gehen für ein Unternehmen wird immer in Sequenzen ausgeführt. Zwischen den Sequenzen können die Ergebnisse besprochen und gesammelt werden, anschließend werden mögliche Handlungsabläufe gegangen. So ergibt sich Antwort für Antwort. Sollte eine Möglichkeit nicht oder nur schwer umsetzbar sein, können Sequenzen mit der Frage nach »ersten Schritten« gegangen werden. Es empfiehlt sich, konsequent Fragestellung für Fragestellung abzuarbeiten und nicht auf Nebenschauplätze abzudriften.

Das Gehen des Betriebes mit der Absicht, dessen Bedürfnisse und Befindlichkeit sichtbar und fühlbar zu machen, beinhaltet ein großes Potenzial. Ich selbst könnte zum Beispiel mein Unternehmen *Geh Dich Frei* gehen oder den kleinen Laden einer Freundin namens *Einfach.Freude*. Es ist ein besonderes Erlebnis, mit der eigenen Firma in Kommunikation zu sein und ihre Energie und Belange zu erfahren. Ich empfehle jedem Unternehmer, von Zeit zu Zeit sein Unternehmen zu gehen.

Das Gehen im beruflichen Kontext erfordert eine völlig andere Herangehensweise als das Gehen im persönlichen Kontext. Auch beim Gehen beruflicher Themen können von den Gehenden starke Emotionen wahrgenommen werden. Sollten starke Emotionen im Gehen fühlbar werden, werden diese zwar deutlich verbal erwähnt, jedoch nicht zur Gänze als Emotion ausgedrückt. Das bedeutet in der Praxis, dass Wut oder der Wunsch zu schreien benannt werden, aber nicht ausgelebt werden – was in der persönlichen Arbeit durchaus vorkommen kann. Würden alle Emotionen zur Gänze zum Ausdruck kommen, wäre das für die Welt der Firmen verwirrend. Daher reicht das Benennen der Gefühle, dadurch werden sie im Feld für alle zugänglich gemacht. Es wird für alle Beteiligten erkennbar, dass die benannten Emotionen im Untergrund des Problems liegen.

Sollte das Gehen vorwiegend Emotionen zeigen, sprich die Antwort auf der emotionalen Körperbewusstseinsebene angesiedelt sein, dann empfiehlt sich die Nachfrage, wie im Team mit Emotionen umgegangen wird. Dann wird neu entschieden, wie und ob in diesem Bereich weitergearbeitet wird. Die Erkenntnis, dass unausgesprochene Emotionen einem Problem zugrunde liegen, ist bereits eine Lösung und kann sehr viel verändern, da die Problematik in das Bewusstsein der Verantwortlichen kommt. Es können als Konsequenz im Unternehmen Schritte, wie z.B. Supervision, gewaltfreie Kommunikation oder Ähnliches, unternommen werden, die das Problem adressieren.

Wichtig ist es, die gegangenen Sequenzen auf einer Flipchart zu dokumentieren und sie damit visuell sichtbar zu machen. Ein Gehen in Sequenzen ist wichtig, weil die Methode meistens für alle Beteiligten neu ist. Gut dosiert ist der Umgang mit dem Gehen daher leichter, denn die Lösung wird nach jeder Geh-Sequenz auf der mentalen Ebene erklärt. Der Verstand wird damit befriedigt und produziert nicht mehr so viele Widerstände.

Es werden im Laufe des Gehens trotzdem alle Punkte des Zielkatalogs abgearbeitet und am Schluss wird auf der mentalen Ebene zusammengefasst. Die Ergebnisse werden festgehalten, wichtige neue Punkte werden dokumentiert und dann dem Unternehmen per E-Mail zugestellt.

Die Nachbereitung, also der dritte Schritt des Gehens, erfolgt, wie eben erwähnt, erstens über die Dokumentation der Ergebnisse und zweitens in Form einer Nachbesprechung. Die Nachbesprechung ist ein eigener Termin, vorzugsweise einige Tage nach dem Gehen, und beinhaltet vor allem eine ausreichende Auseinandersetzung mit den während des Gehens entstandenen schriftlichen Aufzeichnungen. Alle gefundenen Antworten werden besprochen und auf ihre Umsetzbarkeit hin überprüft. Haben sich etwaige Fragestellungen verändert, können diese neu formuliert werden. Der Zielkatalog wird durchgearbeitet und die am Beginn formulierten Ziele überprüft. Ich versende zusätzlich nach drei bis vier Wochen eine E-Mail, in der ich Reflexionsfragen für das Unternehmen formuliere.

Ich freue mich ganz besonders über die Anwendung von *Geh Dich Frei* in Unternehmen. Das Gehen hat dort großes Potenzial, da in Zukunft Veränderungen und Umdenkprozesse notwendig werden. *Geh Dich Frei* kann dies ungemein erleichtern und Wege ebnen. Wenn Firmen und deren Inhaberinnen mit ihrem Potenzial und dem der Angestellten in Resonanz kommen, verändert sich sehr viel. Es wird für Menschen nach einer Begegnung mit ihrer Berufung schier unmöglich, so weiterzuarbeiten wie bisher. Sie haben das Ziel erfahren und das verändert ihr Leben.

---

**Fallbeispiel 13: Gehen für einen Betrieb**

Thema: Der Inhaber eines mittelständischen Betriebes ließ, aus mir zum Zeitpunkt des Gehens unbekannten Gründen, seinen Betrieb gehen.
Klient: Inhaber des Betriebs und der Betrieb
Rolle: Der Betrieb
Stellvertreterin: Eine Stellvertreterin

*Die Stellvertreterin stieg in die Rolle ein, indem sie sagte: »Ich bin die Firma Maurer.« Dann begann sie, sich im Raum zu bewegen. Sie berichtete, dass es ihr gut gehe, sie sei allerdings ohne Emotionen. Sie sei groß und habe Potenzial, das noch nicht angedacht wurde. Sie sprach weiter, dass sie sich zwar nicht freuen könne, es ihr jedoch auch nicht schlecht ginge.*

*Ich ließ die Stellvertreterin nachfühlen, wo in ihrem Körper diese Emotionslosigkeit angesiedelt sei. Sie sagte schnell und spontan: »Im Herzen.« Sie habe kein Herz. Jetzt wurde sie sehr traurig und zeigte Emotion. Sie sagte, dass niemand mehr sein Herz in der Firma hätte. Dies wäre einmal der Fall gewesen, war aber schon länger nicht mehr so. Auf die Frage, ob es für den Betrieb möglich sei, ohne Herz weiter zu existieren, sagte sie, ja, schon, aber nur für eine begrenzte Zeit. Sie brauche jemanden, der sein Herz in der Firma habe.*

Wir beendeten das Gehen an dieser Stelle. Der Inhaber erzählte, dass die Firma das Lebenswerk seines vor einem Jahr verstorbenen Vaters ist. Dessen Herz war in der Firma. Für die Nachfolger war die Firma nicht die Berufung, sondern ein Erbe, das geschätzt und auch betrieben wurde. Diese Erkenntnis war überraschend und führte in Folge zu großen Veränderungen.

# Geh Dich Frei und andere Methoden

Die Selbsterfahrungsmethode *Geh Dich Frei* kann wunderbar mit anderen Methoden kombiniert werden. Der große Vorteil von *Geh Dich Frei* ist, dass es auch in einem Zweier-Setting angewandt werden kann und damit ideal für alle Menschen ist, die in Einzelsitzungen arbeiten. *Geh Dich Frei* kann außerdem als eigenständige Methode oder in Kombination mit anderen Methoden für Gruppen angeboten werden. Ich kenne dazu zahlreiche Beispiele. Lass uns mit einem Praxisbeispiel beginnen, da das Gehen in Kombination mit dem systemischen Arbeiten bereits am Anfang des Buches theoretisch beschrieben wurde.

## Gehen und systemisches Arbeiten

**Fallbeispiel 14: Starke Emotionalität**
Thema: Hannas Anliegen ist ihre starke Emotionalität, sie sagt, sie sei extrem nah am Wasser gebaut, wegen Kleinigkeiten, Lächerlichkeiten, kämen ihr sofort die Tränen. Sie möchte wissen,

warum das so ist, weil es teilweise sehr unange-
nehm ist.

Klientin: Hanna

Setting: Gruppenworkshop einer
Geh-Dich-Frei-Praktizierenden

Rolle: Hannas Emotionalität und der Grund dafür,
mit E. abgekürzt.

Stellvertreterin: Hanna sucht für die Rolle eine
Stellvertreterin aus.

Leitung: Marlene, Geh-Dich-Frei-Praktizierende

Themenklärung: Der Grund, warum Hanna so extrem emotional ist, soll gegangen werden.

Quelle: Dieser Fall stammt aus der Abschlussarbeit einer Geh-Dich-Frei-Praktizierenden, die
auch systemisch ausgebildet ist und beide Methoden kombiniert. Ich danke ihr für das zur Verfügung Stellen dieses Praxisfalls.

*E.s Kopf ist gesenkt, sie geht langsam, es ist schwer,
etwas drückt auf ihre Schultern, besonders die
rechte Körperseite ist schwer, trägt viel. Sie möchte
mit niemandem in Kontakt treten, der Blick bleibt
gesenkt.*

*Leitung: »Was trägst du so Schweres, gibt es etwas,
das du möglicherweise für jemand anderen trägst?«*

*E.: »Mein Vater ist genauso, er hat viel Schweres
erlebt und es kommen ihm wegen jeder Kleinigkeit
die Tränen.«*

*Leitung: »Mach die Augen zu, stell dir deinen
Vater vor und sag ihm: ›Ich traue dir dein Schicksal zu. Alles, was ich für dich getragen habe, gebe
ich dir hiermit mit Achtung zurück.‹ Gib ihm das
Ganze wie ein Paket zurück.«*

*E. fällt es nicht leicht, das zu sagen, daher die fol-*

*gende Anweisung der Leitung: »Sag es zuerst nur mental, denn auf dieser Ebene weißt du, dass es richtig ist.« Dann: »Jetzt versuche es auch mit dem Herzen zu sagen.« So gelingt es.*

*Die Stellvertreterin ist in der Zwischenzeit stehengeblieben, sagt, als es um den Vater ging, habe sie Gänsehaut bekommen, die Anweisung, es nur auf mentaler Ebene zu sagen, habe es wesentlich einfacher gemacht. »Mit dem Herzen gesagt« fühle es sich richtig gut an.*

*Die Leitung bittet E. weiterzugehen. E. hebt den Kopf, schaut alle im Raum an, kann Kontakt aufnehmen. Sie stellt fest, dass sich ihr Körper richtig gut und lebendig anfühlt.*

Fazit (aus der Perspektive der Leitung):

Wie immer ist es für mich das Schwierigste, das Thema zu klären bzw. für mich selbst zu klären, was gegangen wird. Das eigentliche Gehen, die Fragen und Anweisungen, kommen dann wie von selbst, ich fühle mich geführt. Wie sehr oft habe ich eine Kombination mit einem systemischen Thema, da dies auch mir entspricht.

Die Rückmeldung, die ich von der Klientin fünf Wochen nach dem Gehen bekommen habe, ist folgende:

»Seit dem Gehen meiner überschwappenden Emotionen glaube ich, beobachtet zu haben, dass sie sich tatsächlich nicht mehr ganz so schnell und vor allem so heftig zeigen. Allerdings muss ich wohl noch etwas Zeit vergehen lassen, um mehr auslösende Situationen beobachten zu können.

Ein interessantes Detail ist mir aufgefallen. Seit ich

ungefähr vierzehn Jahre alt war, hatte ich meinen Vater, der eher klein gewachsen ist, immer so umarmt, dass ich ihn in die Arme nahm. Auch hatte ich oft das intensive Gefühl des Mitleids mit ihm, obwohl mir nie klar war, warum.

Bei meinem letzten Besuch vor zwei Wochen beugte ich mich wie selbstverständlich hinunter, um ihn unter seinen Armen zu umarmen. In diesem Moment hätte ich es mir nicht anders herum vorstellen können.«

## Gehen und Körperarbeit

Körpertherapeuten jeder Art können das Gehen anwenden, wenn sie bei jeder Behandlung eines Klienten an derselben Körperstelle landen und sich scheinbar nichts oder wenig verändert, wenn die Behandlung stockt oder stagniert. Dann können sie das körperliche Symptom gehen und Antworten für ihre Klienten bekommen. Dieses Gehen wird mit dem Klienten vorab vereinbart und dieser ist natürlich auch anwesend. Nach dem Gehen ist oftmals die Blockade gelöst oder zumindest nicht mehr so stark.

## Gehen und Energiearbeit/Channeling

Alle Formen von Energiearbeit, also dem Heilen mit Energie, und von Channeling, der Kommunikation mit Lichtwesen und Engeln, können wunderbar mit dem Gehen kombiniert werden, beides befruchtet sich und führt zu Einsichten auf verschiedenen Ebenen. Hier bietet es sich an, ein Channeling zu dem gegangenen Thema zu machen und die Aussagen von zum Beispiel aufgestiegenen Meistern zum Ergebnis des Gehens zu ergänzen. Damit ist die spirituelle Ebene stärker in das Gehen integriert. In der Energiearbeit kann es hilfreich sein, z.b. ein blockiertes Chakra zu gehen, um das Thema auf einer zusätzlichen Ebene zu lösen. In diesem Fall ergänzt das Gehen die Energiearbeit um einen zusätzlichen Prozess, der auch auf der körperlichen Ebene stattfindet.

## Gehen und Karten-Sets

Alle möglichen Karten-Sets, die es zur Arbeit mit Archetypen, Engeln, Göttinnen usw. gibt, können gegangen werden. Durch das Gehen kann die Person die individuelle Botschaft der gezogenen Karte direkt erfahren. Dieser Zugang ist für mich spannend und wir experimentieren damit in der Regel während der Ausbildung.

In einem solchen Fall kann der Ablauf des Gehens folgendermaßen aussehen:

- Die Archetypen-Karten werden verdeckt ausgelegt.
- Du ziehst intuitiv eine Karte zu einem bestimmten Thema oder auch offen, ohne ein bestimmtes Thema.
- Du gehst die Botschaft der Karte selbst oder es geht eine Stellvertreterin. Ich bevorzuge bei Karten jedoch das Selbst-Gehen in der Gruppe.

Energetisierte Karten, wie die Kartensets von Ingrid Auer,[7] harmonisieren das Feld und helfen mit. Die Themen zeigen sich leicht und schnell. Diese Karten können während des Gehens ins Feld geholt werden. Sie können jedoch auch nach der Themenfindung intuitiv für das Thema gewählt werden. Dann kommen diese energetisierten Karten mit der gehenden Person ins Feld, sie können einfach in eine Tasche gesteckt oder am Körper getragen werden.

Ein Teilnehmer eines *Geh-Dich-Frei*-Seminars Anfang des Jahres 2016 beschrieb seine Erfahrung mit dem Gehen einer Karte folgendermaßen:

»Ich bin meinen Archetypen gegangen, voll Klarheit, Schönheit, Weitblick, Sonne, blauem Himmel. Schnee glitzert von anderen Bergen. Ich umarme mich, nehme mich an, vereinige mich mit mir, integriere mich. Meine Wunde heilt, wie die Knospe einer Tulpe sich schließt. Ich kann mich annehmen, ich lasse mich ganz tief in mich ein. Wenn sich die Wunde wieder öffnet, wird sie eine wunderschöne Blüte sein, keine Wunde. Sie öffnet sich vielleicht, wenn ich sie gieße, wenn ich sie nähre, und erblüht dann schöner als je zuvor. Ich habe das sichere Gefühl, dass es keine Wunde mehr wird.«

---

**Fallbeispiel 15: Archetyp Lilith**

Thema: Archetyp Lilith

Klientin: Johanna

Setting: Gehen von astrologischen Archetypen im Rahmen einer Geh-Dich-Frei-Reise nach Italien. Die Reise vereinte das Gehen und die Astrologie unter Begleitung einer Astrologin. Die individuelle Stellung der Lilith im Horoskop der Teilnehmerinnen wurde in einer astrologischen Nachbesprechung unter Miteinbeziehung des Gehens behandelt. Das Gehen fand in der Natur statt.

Rolle: Lilith

Stellvertreterin: Johanna wählte für ihre Lilith eine Stellvertreterin (Marina).

Leitung: Regina Hauser
Prozess des Gehens: Es wird prozessorientiert gegangen.
Quelle: Aus den Notizen einer anderen Teilnehmerin beim Workshop »Geh Dich Frei und Astrologie in Italien«. Danke für diesen Text!

*Marina steigt in die Rolle der Lilith für Johanna. Sie beginnt mit einem kräftigen Schritt zu gehen. Sie tritt fest auf und hat ein sehr selbstbewusstes Auftreten.*

*Lilith: »Ich bin kämpferisch. Wenn ich es mir eingestehe, habe ich ein untrügliches Gefühl für die Gerechtigkeit und für das Menschsein. Es ist ein tiefer Aspekt, der in mir liegt.« Sie spricht mit sicherer Stimme. »Ich kämpfe für die Liebe, dies ist jedoch ein liebevoller Kampf – weich, sanft, achtsam. Ich nehme die Grenzen der anderen wahr. Ich nehme aber auch meine tiefe Liebe wahr. Diese fühlt sich an wie eine Säule, die mich trägt und aufrecht hält. Ich bin sehr weise, dieses Wissen trage ich in mir. Das bin ich.« Sie stellt sich nun vor Johanna hin und spricht zu ihr: »Du kannst es mir glauben.«*

*Johanna erhebt sich und spricht ungläubig: »Ich zweifle. Bin ich das? Wo ist dies alles in mir versteckt? Was kann ich tun, um es zu fühlen?«*

*Lilith: »Das Tun vergessen, sei du! Dies ist vollkommen genug – sei! Eine blaue Wand musst du auch nicht noch einmal blau streichen, um sie zu sehen. Sie ist schon blau. Um diese Qualitäten zu leben, brauchst du nichts zu tun, setz dich hin und begrüße alle deine Qualitäten.«*

*Johanna: »Ich spüre Wärme in meinem Körper.*

> *Herzenswärme.«* Johanna *beginnt für alle sichtbar*
> *zu strahlen. Sie geht mit ihrer Lilith im Kreis aller*
> *Anwesenden herum und strahlt. Ihre Zweifel sind*
> *sichtbar vergangen.*
>
> Johanna: *»Ich liebe meinen Körper und ich liebe*
> *das Leben.«*

## Gehen und Alternativmedizin

*Geh Dich Frei* lässt sich gut mit Methoden der Alternativmedizin wie Homöopathie kombinieren. Homöopathische Ärzte können die Methode z.B. anwenden, wenn Patienten »stehen«, also blockiert sind, und der Arzt zwar weiß, worum es sich handelt, der Patient jedoch noch nicht in die Handlung kommt. Ich habe hierzu sehr gute Erfahrungen in der Zusammenarbeit mit einer homöopathischen Ärztin gemacht.

## Gehen und Coaching, Mediation und Supervision

*Geh Dich Frei* und alle Arten von Coaching und Mediation ergänzen sich ebenfalls wunderbar. Im Coaching und in der Mediation oder Supervision ist es sehr oft von großem Vorteil, wenn Klienten Sequenzen des Problems gehen, um die Hintergründe und die Lösung selbst zu erfahren. Beim Coaching und in der Mediation sind viele Sequenzen mental geprägt. Die Menschen werden erfahrungsgemäß durch das Erleben einer anderen Sichtweise auf einen Umstand weitaus

einsichtiger. Denn es verändern sich so gut wie immer einge-
fahrene Haltungen. Es löst auch persönliche Begrenzungen,
wenn eine Person einmal die Gegnerin, den ungeliebten Vor-
gesetzten, die Ex-Partnerin, den unmöglichen Kollegen usw.
gegangen ist.

Mit dem Gehen machen die Menschen eine Erfahrung,
sie kommen mit den Emotionen und Beweggründen des anderen in Kontakt. Das passiert, weil der gehenden Person ihr
eigenes Entwicklungspotenzial aus dem belastenden Lebensumstand bewusst wird. Diese »unbequemen Menschen«
sind unsere größten Lehrmeister, unsere »Arschengel«, wie
Robert Betz[8] sie liebevoll nennt. Sie haben auf einer anderen
Ebene die Aufgabe übernommen, uns etwas Wichtiges zu
lehren. Je eher wir das erkennen, desto leichter geht es. Erkennen wir es nicht und laufen vor der Lernaufgabe davon,
kommt sie in Form einer anderen Person wieder. Wir werden
»gut betreut« und finden uns in ähnlichen Situationen wieder, bis wir bereit sind, uns selbst im Gegenüber zu erkennen. Dann ist die Aufgabe erledigt.

*Geh Dich Frei* kann dazu dienen, die Lernbotschaft
einer Situation schnell zu erkennen. Und so können gerade
Coaching, Mediation und Supervision relativ leicht zum Erfolg führen.

## Gehen und Schulmedizin

Wenn die Zeit dafür reif ist, ist die Kombination mit der
klassischen Schulmedizin mit *Geh Dich Frei* eine großar-
tige Möglichkeit. Denn wir brauchen die Medizin, sie unterstützt unseren Körper bei der Gesundung. Sobald der
Mensch in der Schulmedizin wieder ganzheitlich betrachtet

wird, werden sich hier wunderbare Möglichkeiten des Arbeitens ergeben.

Meiner Erfahrung nach wollen uns alle körperlichen Symptome etwas mitteilen. Wir verstehen jedoch ihre Sprache nicht. Denn wir sind nicht trainiert, sie zu verstehen, wir haben nichts Derartiges gelernt. Wir wollen das Symptom lediglich weghaben und bekämpfen es. Gerade die Schulmedizin verfolgt diesen Ansatz zurzeit noch sehr stark.

In der TCM, der Traditionellen Chinesischen Medizin, dagegen heißt es, dass wir ein Problem lediglich auf eine andere Ebene schieben, wenn wir ein Symptom mit Medikamenten unterdrücken,. Es kommt als etwas anderes, Tieferes und Stärkeres wieder. Das ist ziemlich logisch, da wir es nur bekämpft haben, statt seine Botschaft zu hören und zu erkennen. Alle medizinischen Behandlungen kombiniert mit dem Gehen sind sehr erfolgreich, da das Gehen die Botschaft des Symptoms oder der Erkrankung erfahrbar machen kann. Das bietet dem Körper zusätzliche Unterstützung beim Gesunden. Es ist meiner Erfahrung nach unprofessionell und kurzsichtig, die Schulmedizin durchweg als böse abzulehnen, sie ist lediglich in ihrem Ansatz begrenzt.

Ein Beispiel aus der Praxis verdeutlicht diesen Punkt sehr gut:

---

### Fallbeispiel 16: Nasenbluten

Thema: Eine liebe Freundin erzählte mir auf der Straße von ihrem fast permanenten Nasenbluten. Sie hatte sich auch schon einem operativen Eingriff unterzogen, doch der Erfolg der Behandlung währte nur kurz, das Nasenbluten kam wieder. Wir vereinbarten einen Termin in der Praxis.

Klientin: Eine Freundin

Setting: Einzelsitzung

Rolle: Das Nasenbluten

*Beim Gehen wurde das Hintergrundthema des Nasenblutens sichtbar. Dem Nasenbluten war es wichtig, dass sie sich als Frau ganz wahrnahm, in sich eintauchen konnte, dass sie sich spürte. Das war mit einer Körperwahrnehmungsübung verbunden, sie sollte täglich fünf bis zehn Minuten mit der Aufmerksamkeit ganz bei sich sein, in ihre Mitte gehen und das wahrnehmen, was da ist, ohne Druck, ohne Wollen. Das Nasenbluten meinte zudem, dass es als Indikator fungieren werde. Sollte sie ihre Übung vergessen, würde sie durch Nasenbluten erinnert werden.*

Heute ist sie sich dieser Tatsache bewusst und das Nasenbluten ist weitgehend verschwunden. Doch wenn sie sich selbst vergisst, kommt es zur Erinnerung wieder und sie versteht, was es sagen möchte. Sie ließ nach dem Gehen den operativen Eingriff des Verödens noch einmal machen, diesmal mit Erfolg. Der Körper benötigte Hilfe und der Hintergrund der Erkrankung war bereits bewusst und geklärt.

Ich habe in letzter Zeit vermehrt solche Fälle in meiner Praxis. Bei einer Klientin kehrte eine gutartige Zyste im Kiefer nach der Operation wieder und war noch größer. Die Ärzte meinten, das sei nicht üblich. Die Botschaft dieser Zyste gingen wir dann, anschließend ließ sie sich noch einmal operieren und die Zyste ist bis jetzt nicht zurückgekehrt. Ohne medizinischen Eingriff ist es für den Körper viel schwieriger, die Zyste zurückzubilden. Es ergibt Sinn, hier auf die Schulmedizin zu vertrauen.

Wichtig zu erwähnen ist, dass es für Patienten unglaublich bedeutsam ist, die Verantwortung für die eigene Gesundung zu übernehmen. Ich habe das auch im Kapitel zur Eigenverantwortung schon beschrieben. Das Abgeben der Verantwortung scheint in unseren Breiten sehr tief in den Menschen verankert zu sein. Wir haben gelernt, zum Arzt zu gehen und ihm unser Leiden zu übergeben, er soll es für uns wegmachen – uns heilen. In der heutigen Zeit ist es aber unsere oberste Aufgabe, die Verantwortung für unser eigenes Leben zu übernehmen.

Das Leben ist so, wie du es erschaffen hast. Wir sind alle Regisseurin, Drehbuchautorin und Hauptdarstellerin im eigenen Leben. Nicht die Umstände bestimmen, wie dein Leben ist, sondern du sollst durch die Umstände lernen, Verantwortung für dich und dein Leben zu übernehmen. Lässt du die Umstände bestimmen, gibst du die Verantwortung ab und glaubst, dass alles besser wäre …

- … wenn doch die Chefin mehr Wertschätzung zeigen würde.
- … wenn der Partner sich ändern würde.
- … wenn die Kinder erwachsen wären.
- … wenn du in Pension wärst.
- … wenn du eine andere Arbeitsstelle hättest.
- … wenn du mehr Geld hättest usw.

Menschen brauchen vor allem das Gefühl von Sicherheit. Aus diesem Bedürfnis heraus werden sie die für sie richtige Therapieform wählen. Wenn Sicherheit als Basis geschaffen ist, können alle therapeutischen, medizinischen und alternativen Ansätze gut greifen. Wenn sich ein Mensch seiner Wahl sicher ist, dann kann die Erfolgsgeschichte der Heilung beginnen. Wobei wieder deutlich wird, wie mächtig und alles beeinflussend unsere Gedanken sind.

## Gehen und gesunde Ernährung

Die Bücherregale sind voll von Ernährungsratgebern, jeder weiß, was gesund ist. Auch hier gilt es zu bedenken, dass die richtige Ernährung mit Sicherheit sehr individuell ist und jeder Körper anders beschaffen ist. Es passt nicht jede Ernährung für jeden Menschen. Wir sind auch hier aufgefordert, die für den eigenen Körper gesündeste zu finden.

Was tut dem Körper gut und was nicht? Je ganzheitlicher wir das System Mensch betrachten, desto erfolgreicher werden wir im eigenen Leben. Denn das Augenmerk nur auf gesunde Ernährung zu legen, hilft genau so wenig, wie nur *Geh Dich Frei* zu machen und sonst unbewusst durch das Leben zu hetzen. Auch hier scheint eine Kombination gut zu funktionieren. Wenn also der Körper durch die passende Ernährung vital wird und der Mensch seine Themen z.B. durch das Gehen bearbeitet, kann er eher sein Potenzial leben und seiner Sehnsucht folgen.

Bereits gegangen wurden z.B. Nahrungsergänzungsmittel, die Botschaft einer Allergie für den betroffenen Menschen oder für Menschen problematische Nahrungsmittel, um beispielsweise herauszufinden, welches Mehl verwendet werden kann. Es können auch Ernährungsweisen wie z.B. vegane, vegetarische oder Rohkosternährung gegangen werden. Auch hier ergibt sich ein breites Feld der Möglichkeiten.

## Gehen in der Natur im täglichen Leben oder als Retreat

Ich kann für *Geh Dich Frei* keinen Raum so perfekt aufbereiten wie die Natur, sie ist niemals zu übertreffen. Gehen in der Natur ist perfekt und überall anzuwenden. Das führt schon zu den nächsten unzähligen Möglichkeiten. Wir können bewusst gewählte Aspekte des eigenen Lebens gehen, und zwar in Form einer Wanderung oder während eines Retreats. Durch eine kleine Alltagsflucht kann sehr leicht eine neue Sichtweise auf das eigene Sein eingenommen werden.

Im täglichen Leben kann das Gehen in der Natur hilfreich sein, um Klarheit zu verschiedenen Themen zu finden. Meine Geh-Meditation zu *Vertrauen in dich und deinen Weg* eignet sich wunderbar für einen Spaziergang. Im eigenen Haus selbst die eigenen Themen zu gehen, ist dagegen schwierig und führt meistens zu Missinterpretationen. Wir gehen in diesem Tun zur Gänze im eigenen System spazieren und es kann leicht sein, dass wir da unseren Widerständen begegnen und sie nicht erkennen. Es hilft schon, eine Komponente nach außen zu verlegen und in der Natur zu gehen.

## Gehen an der Schule

Auch in der schulischen Arbeit kann *Geh Dich Frei* wunderbar als Übung zum Erleben diverser, positiver Qualitäten einziehen. Kinder können erfahren, wie es ist, Freude zu sein. Die Gruppenfähigkeit der Methode macht es möglich, dass alle Kinder diese Qualität gleichzeitig erfahren und sein können.

Sehr wichtig ist es, Kinder spielerisch, aber bewusst aus fremden Rollen aussteigen zu lassen, sonst bleiben sie für längere Zeit in der Rolle. Aus eigenen Rollen steigen die Kinder nicht aus, positive Qualitäten und die Erfahrung damit dürfen integriert werden.

Im Schulsystem sollten kreative Ansätze Einzug halten, um alle Wahrnehmungskanäle der Kinder zu erreichen und zu fördern. So sind zum Beispiel nicht alle Kinder gut in der auditiven Wahrnehmung, viele sind besser in der visuellen oder auch taktilen Wahrnehmung. Und gerade die taktile Wahrnehmung wird am allerwenigsten ins Lernen einbezogen. Am besten lernen Kinder, wenn eine Handlung ins Lernen eingebaut ist oder wenn sie jemand anderem Lehrstoff erklären. Getreu dem Motto: »Zeig es mir, und ich erinnere mich. Lass es mich tun, und ich behalte es.« Demnach kann ein Erfahrungstraining im Unterricht gut Platz finden.

Im Gehen kann gelernt werden. Es besteht auch die Möglichkeit, Probleme mit Mitschülern zu lösen. Das Gehen kann für die Aufbereitung von Theaterprojekten oder naturwissenschaftlichen Projekten genutzt werden und ein Element sein, das das Schulleben erleichtert und Schule wieder attraktiver und lustiger für Kinder macht. Richtig erfüllend und schön wäre es, mit Kindern und Lehrern am Potenzial aller Beteiligten zu arbeiten. Dann könnte Schule wieder ein Ort der Kreativität, der Entwicklung und der Freude werden – vor allem aber ein Ort, an dem die Talente der Schüler bestaunt werden.

## Supervision in der Schule

Supervision wurde oben im Abschnitt zu *Gehen und Coaching, Mediation und Supervision* schon erwähnt, etwas abgeändert kann *Geh Dich Frei* natürlich auch als Supervisionstool für Lehrerinnen Einzug halten. Supervision ist im Schulsystem leider kein Instrument, das den Lehrerinnen zur Verfügung steht. Hier bedürfte es einer grundlegenden Veränderung des Systems. Lehrerinnen machen keine schlechte Arbeit, viele davon leisten Großartiges. Es ist nicht einfach, in einem so verkrusteten und trägen System innovativ zu sein. Diese Schwere und Starre vereinnahmt jede Lehrerin, wenn sie das Schulgebäude betritt. Es ist jedenfalls eine Herausforderung, in diesem System zu sein, geschweige denn, dort innovative, moderne und vom Ansatz her andere Arbeit zu leisten.

*Geh Dich Frei* kann als Supervisionsmethode für Teams eingesetzt werden, weiters besteht die Möglichkeit, als Team mit *Geh Dich Frei* Klarheit im Klassenverband zu schaffen. Die Methode kann entweder nur im Lehrerinnen-Team oder auch in der Klasse eingesetzt werden. Als Entscheidungshilfe ist *Geh Dich Frei* ebenfalls ein schneller und effektiver Ansatz. In der Schule gibt es meiner Meinung nach ein weites Feld für die Anwendung des Gehens.

## Gehen im Theater und im Schauspiel

Im Schauspiel hat die Methode *Geh Dich Frei* unter dem Namen *Walking In Your Shoes*® Wurzeln und Tradition, es gibt viele Erfahrungen mit ihr. Joseph Culp, einer von zwei Gründungsvätern der *WIYS*-Methode in Los Angeles, ist hauptberuflich Schauspieler und wendet die Methode fast ausschließlich in diesem Bereich an. *WIYS* wird von Joseph Culp verwendet, um Schauspiel- oder Theaterrollen einzustudieren.

Ich durfte mit *Geh Dich Frei* auch schon Erfahrungen damit machen. Eine Frau kam zu mir, um ihre Theaterrolle zu gehen, da sie große Schwierigkeiten damit hatte, sie einzustudieren. Ich entdeckte, dass das Gehen im Theater genauso angewandt werden kann wie für die Arbeit mit privaten und beruflichen Themen.

**Fallbeispiel 17: Erarbeitung einer Theaterrolle**

Thema: Erarbeitung einer Theaterrolle für ein Schauspiel.

Klientin: Die Schauspielerin

Setting: Einzelsitzung

Rolle: »Frau Mathilde« (Theaterrolle)

Stellvertreterin: Keine. Die Schauspielerin stieg selbst in die Rolle der »Frau Mathilde« ein.

Leitung: Regina Hauser

Prozess des Gehens: Es wird prozessorientiert gegangen.

Leitung: Regina Hauser

*Die Schauspielerin stieg in die Rolle ein und augenblicklich änderten sich ihr Gang, ihre Mimik, ihre Stimme, ihre Gesichtszüge und ihre Art und Weise zu sprechen. Das bemerkte sie selbst auch und es war für sie unglaublich aufschlussreich, die Rolle in dieser Intensität zu erleben. Sie kenne dies so nicht, meinte sie dazu.*

*Wir experimentierten längere Zeit und so wurde der Klientin der Grund für ihre Schwierigkeiten sehr klar. Ein Aspekt von ihr hatte große Angst, diese Rolle zu spielen. Sie fürchtete sich davor, Zwänge von der Frau Mathilde zu übernehmen. Das konnten wir gut klären. Sie konnte ihre Rolle schließlich perfekt spielen und war begeistert über die Einfachheit, mit der sie die Essenz einer Theaterrolle im Vorfeld erfahren konnte.*

Genau das ist der Punkt, um den es geht. Bei der Erarbeitung von Rollen sollen Schauspieler ihre Rolle selbst gehen und damit im Tun die Essenz der Rolle erfahren, nämlich wie die zu spielende Person tickt, was sie denkt, wie sie sich bewegt, ihren Habitus, ihre Einstellung zum Leben und ihre Herangehensweisen. Das Geniale daran ist, dass man das Stück noch nicht einmal gelesen haben muss. Es reicht, den Namen der Figur und den Titel des Buches zu kennen. Das mag ziemlich abgefahren klingen, aber so funktioniert es.

Meine Erklärung dafür ist, dass im morphogenetischen Feld alles gespeichert ist, was je auf diese Erde gebracht wurde. Dieser Speicher ist jederzeit abrufbar. Zeit, sprich Vergangenheit oder Zukunft, ist im Feld nicht vorhanden. Wenn jemand in eine Rolle steigt, dann ist er das, diese Rolle, Person oder Qualität, egal ob der entsprechende Mensch gerade auf der Erde lebt oder nicht. Das Gleiche gilt für Figuren aus einem Buch, denn sie wurden durch Autoren erschaffen und bekamen dadurch eine eigene Energie. Das allein reicht aus, es ist nicht nötig, dass die Lebensgeschichte der Figur im Buch einen Anfang oder ein Ende hat.

Die wichtigste Erkenntnis für meine Klientin war, dass sie am Ende des Stückes aus der Rolle aussteigen muss und das auch kann. Sie stieg auch bewusst in die Rolle ein. Allein diesen Hinweis finde ich besonders wichtig für alle Menschen, die Charaktere darstellen. Jeder sollte unbedingt bewusst in die Rolle einsteigen und am Ende bewusst aussteigen.

## Gehen und Leistungssport

Im Spitzensport wird die Sportlerin ganzheitlich betrachtet und es werden viele unterschiedliche Herangehensweisen gewählt, um die Leistung zu steigern. Nur zu trainieren ist heutzutage zu wenig. Das lernte ich von Professor Baldur Preiml, der Skispringer, Trainer und Funktionär war und als Vater des österreichischen Skisprungwunders gilt. Ich bin sehr dankbar, diesen großartigen Lehrmeister zu kennen. Ich hatte die große Ehre, mit ihm und Andrea Ilk, der Schöpferin der Meditations-, Bewusstwerdungs- und Visualisierungstechnik Emina, ein Kooperationsseminar zu leiten.

Neben der Bedeutung eines ganzheitlichen Trainingsansatzes im Spitzensport lernte ich von Professor Preiml, der über ein untrügliches Gespür für Integrationszeiten des Körpers verfügt, wie wichtig das Innehalten ist, um zu wachsen und mehr Leistung erbringen zu können. Das ist eine selbstverständliche Basis im Spitzensport, aber leider ist dieses Wissen kein Allgemeingut.

In diesem Zusammenhang ist *Geh Dich Frei* im Sport ein taugliches Instrument, um Wachstumsblockaden eines Sportlers erkennen und lösen zu können. Wie bereits beschrieben laufen oft Glaubenssätze in uns ab, die genau das verhindern, was wir uns am meisten wünschen.

# Was ist mit Emil los – eine Erfolgsgeschichte

Zum Abschluss dieses Buches möchte ich noch ein sehr ausführliches Beispiel teilen, bei dem das Gehen in mehreren Abschnitten bzw. an verschiedenen Terminen erfolgte. Der Fall bildet damit einen längeren Prozess und auch verschiedene Aspekte des Gehens ab und ermöglicht es dir, diesen Prozess mit den Inhalten dieses Buches im Hinterkopf ausführlich mitzuempfinden.

---

**Fallbeispiel 18: Emil**

Klientin: Emils Mutter und Emil

Setting: Geh-Dich-Frei-Ausbildung

Rolle: Emil

Stellvertreterin: Eine Ausbildungsteilnehmerin geht Emil.

Leitung: Eine weitere Ausbildungsteilnehmerin.

Quelle: Dieser Fall ist mir dankenderweise von Emils Mutter aus ihrer Perspektive aufgeschrieben und für dieses Buch zur Verfügung gestellt worden.

*Hintergrund: Unser achtjähriger Sohn Emil war schon immer ein aufgeweckter, fröhlicher Junge, dessen Augen strahlen und lachen, der sehr neugierig ist und dessen Aufmerksamkeit leicht von*

---

*einer interessanten Sache zur nächsten springt. Er ist ein wirklich angenehmer Zeitgenosse, wie sein Opa immer sagt!*

*Als er in die 3. Klasse kommt, erwischt ihn gleich in der zweiten Schulwoche ein Virus, das hohes Fieber verursacht. Emil fiebert 17 Tage lang und auch im Krankenhaus sind sie ratlos – wahrscheinlich ein Epstein-Barr-Virus. Im Herbst wird Emil immer ruheloser, ist nicht in seiner Mitte. Er kann kaum ruhig sitzen, weder beim Essen noch beim Lernen, springt permanent auf der Couch herum, sein Verhalten ist anstrengend und er nervt seine Umgebung – und sich selbst.*

*1. Gehen am 6. Dezember*

*Thema: »Was ist los mit Emil?«*

*Beim dritten Modul meiner Geh-Dich-Frei-Ausbildung im Dezember möchte ich wissen, was mit meinem Sohn los ist. Ich wähle einen Leiter und eine Stellvertreterin. Emil (die Stellvertreterin) sagt sehr schnell, dass er den Boden nicht spürt und ihm alles keinen Spaß macht, er aber Spaß haben möchte. Das ist in der Familie jedoch schwierig, es sind alle lieb, aber mühsam.*

*Auch stellt er fest, dass er etwas für die Familie trägt, das ihn verbiegt. Um etwas davon zurückzugeben, legt er sich zuerst auf mich, die Mami, und danach auf einen Stellvertreter für den Papi. Danach ist es für Emil leichter, wenn auch nicht ganz weg. »Der letzte Rest gehört meinem Bruder, den trage ich weiter, das ist okay.«*

*Ich fange an zu weinen und er sagt: »Mami, nicht weinen, denn dann geht es mir wieder schlechter.«*

*Danach schnappt er sich einen Stellvertreter für seinen Bruder und tobt mit ihm durch den Raum, er will mit ihm Spaß haben, laut sein und streiten!*

*Damit endet das Gehen und ich weiß, dass ich mehr Spaß – aber auch Streit und Krach – zwischen den Brüdern zulassen sollte.*

Nach den Weihnachtsferien spitzt sich die Situation in Emils Schule zu. Er fängt an, den Unterricht und die Nachmittagsbetreuung zu stören, wird handgreiflich, muss zur Direktorin und fast täglich trägt die Lehrerin ins Mitteilungsheft ein, wie sich Emil (fehl-)verhalten hat. Daher baut sich Druck in der Familie auf und wir diskutieren viel darüber, warum Emil nicht brav(er) sein kann und ob es nicht vielleicht besser wäre, die Klasse/Schule zu wechseln. Das sieht Emil allerdings als Strafe und verneint kategorisch. In den Semesterferien bekommt er eine eitrige Angina und ich denke mir das erste Mal, dass er vielleicht zu viel schlucken muss. Mir fällt wieder das Bild des tragenden, verbogenen Emil aus dem ersten Gehen ein.

2. Gehen am 14. Februar

Thema: »Was braucht Emil?«

*Beim vierten Modul meiner Geh-Dich-Frei-Ausbildung berichte ich, dass ich die Jungs mehr miteinander toben lasse, sich die Schulsituation bei Emil jedoch zugespitzt hat und er immer wilder wird. Das erste Gehen hat einen Prozess in Gang gesetzt, der zu einer scheinbaren Erstverschlechterung geführt hat. Daher ist es sinnvoll, nochmals hinzuschauen, um herauszufinden, was Emil jetzt braucht.*

*Ich wähle eine Stellvertreterin und Emil fängt so-
fort an, sich die Welt so herzurichten, wie er sie
haben möchte:* »Ich mach die Welt anders, als die
anderen Menschen glauben, dass sie sein soll.«
*Dann sagt er, dass ihm alle Menschen zu viel sind,
es ihm aber in seiner Welt ganz gut geht. Auch stellt
er fest, dass die Mami nur einzelne Sätze sagen soll,
weil er sonst nicht folgen kann. Dann wird er traurig – weil die Mami traurig ist – und sagt, dass er
immer das ist, was die anderen sind.* »Ich bin ein
Spiegel, wenn jemand traurig ist, bin ich traurig,
wenn jemand lustig ist, bin ich lustig, und wenn
jemand schlimm ist, dann bin ich schlimm.« *Dann
setzt er sich an den Rand und sagt, dass ihm alles
zu viel ist.*

*Auf die Frage, was er braucht, formuliert Emil fol-
genden Wunsch:* »Ich brauche einen Raum ganz
für mich allein. Dort darf kein anderer rein, dort
habe ich Ruhe, dort gibt es keine Anschaffungen
von anderen. Diesen Raum gibt es noch nicht, aber
er ist wie ein Zelt mit Vorhängen.« *Emil sagt auch,
dass er oft Krach macht, damit er die anderen nicht
hört, und dass er gerne mehr Zeit für sich allein
hätte.*

*Dann stellt er fest, dass er gerne mehr in der Natur
wäre und es schön wäre, wenn er über eine Wiese
in die Schule gehen könnte. Auf die Nachfrage, wie
es ihm denn in der Schule geht, sagt Emil, dass es
dort eng und streng ist.* »Die Schule geht gar nicht!
Schule ganz allgemein ist okay, aber ich mag nicht
mehr in diese Schule gehen, ich mag über die Wiese
in eine andere Schule gehen.« *Dabei wird Emil
ganz aufgeregt und merkt erst jetzt, wie unglück-
lich er eigentlich in der Schule ist.*

*Damit endet das Gehen und ich nehme zwei Aufgaben mit, die für Emil getan werden müssen: Er braucht einen »Raum im Raum« in seinem Kinderzimmer, in den er sich zurückziehen kann, wenn er Ruhe braucht, und wir müssen eine neue Schule für ihn finden, zu der er über die Wiese kommt – und das möglichst schnell.*

*Am nächsten Tage leite ich in meiner privaten Praxis für einen eigenen Klienten ein Gehen, bei dem ein Kollege, der am Vortag beim Gehen für Emil nicht dabei war, einen Kommentar über hochsensible Personen macht, die unbedingt Rückzugsmöglichkeiten brauchen, um sich zu spüren. Mich trifft dieser neue Aspekt wie ein Blitz, aber die Beschreibung passt gut auf Emil und dieses Wissen schafft Klarheit und ist hilfreich für Emils Leben.*

*In den nächsten drei Wochen entsteht unter der Dachgaube seines Zimmers ein wunderbarer »Raum im Raum« für Emil. Sein Papi spannt ein ausgeklügeltes Seilsystem, das einen kleinen Teil des Zimmers (wichtig: mit Heizung, Steckdose und Fenster) abgrenzt. Emil sucht Vorhänge aus, die auf beiden Seiten gleich sind (gewebt, nicht bedruckt), damit sie außen wie innen hübsch sind, und wir richten den Raum gemütlich im coolen Dschungelfeeling ein (Sitzsack, Lampe, Poster, Wand-Tattoos). Emil mag seinen Raum sehr und zieht sich dort regelmäßig zum Lesen, Tablet-Spielen und Nichtstun zurück. Wir betreten seinen Raum nur auf Einladung oder nach Erlaubnis, das ist sehr wichtig.*

*Durch eine Internetrecherche finde ich heraus, dass es eine öffentliche Volksschule in der Umgebung gibt, die wir über eine große Wiese mit dem Fahr-*

*rad in fünfzehn Minuten erreichen können. Ich kontaktiere die Direktorin, sie versteht die Notlage und kann helfen. Drei Tage später darf ich die Schule anschauen und lerne die potenzielle neue Lehrerin kennen. Ich habe sofort ein gutes Gefühl. Wir vereinbaren, dass Emil nächste Woche schnuppern kommt, und wenn es ihm gefällt, kann er nach Ostern die Schule wechseln!*

*3. Gehen am 21. März*

*Thema: »Welche Schule ist die richtige für Emil?«*

*Am nächsten Tag möchte ich beim fünften Modul meiner Geh-Dich-Frei-Ausbildung überprüfen, ob diese neue Schule für Emil die richtige ist oder ob er (noch) in der alten Schule bleiben soll. Ich entscheide mich für ein verdecktes Gehen und schreibe drei Zettel:*

*Neue Schule (über die Wiese erreichbar); in alter Schule bleiben; weitersuchen.*

*Die Zettel werden zusammengeklappt und vermischt. Es ist nicht mehr erkennbar, was auf welchem Zettel steht. Ich wähle dieselbe Leiterin und dieselbe Stellvertreterin wie beim letzten Mal, das Herz schlägt mir bis zum Hals. Auch Emils Stellvertreterin spürt die Wichtigkeit der Situation, sie sieht die drei Zettel und sagt sofort: »Das mag ich nicht entscheiden, das kann und darf ich nicht entscheiden, das soll die Mami machen. Ich will spielen!« Ich gehe zu ihm und Emil fängt an, mit einem Zettel (die anderen beiden ignoriert er) Fußball zu spielen, und wir kicken diesen Zettel so lange, bis wir uns hinsetzen und den Zettel gemeinsam in die Hand nehmen. Wir werden ruhiger, der Zettel fühlt sich gut an. Emil öffnet den Zettel und sagt:*

»Über die Wiese erreichbar, das macht mich jetzt glücklich! Ich kann es gar nicht glauben, dass ich über die Wiese zur Schule gehen kann. Ich mag den Zettel gar nicht loslassen.«

Damit endet das Gehen und ich bin mir sicher, dass die neue Schule die richtige für Emil ist. Mir ist nun aber auch klar, dass wir Emil nicht fragen dürfen, sondern für ihn entscheiden müssen. Für Volksschulkinder treffen die Eltern die Schulentscheidungen und nicht die Kinder.

Zwei Tage später sage ich Emil am Abend, dass wir nun mit dem Fahrrad zu einer neuen Schule fahren, die er am nächsten Tag zum Schnuppern besuchen darf. Emil ist sofort begeistert, besonders übers Fahrradfahren. Während wir über die große Wiese zur Schule radeln, bleibt er stehen und sagt: »Mami, ich weiß nicht warum, aber irgendwie mag ich große Wiesen,« und ich antwortete: »Ich weiß, mein Schatz«, und bin zuversichtlich, dass alles gut wird. Der Schnuppertag verläuft super und Emil sagt gleich im Anschluss der Lehrerin und der Direktorin, dass er nach Ostern kommen möchte. Am Nachmittag melde ich ihn in der alten Schule ab und drei Tage später hat er seinen letzten Schultag. Er ist nicht sehr wehmütig, sondern erzählt allen freudestrahlend von seiner neuen Schule.

In den Osterferien stellen Freunde fest, dass Emil sich im Vergleich zu den Weihnachtsferien total verändert hat und wieder glücklich und in sich ruhend wirkt. Am Mittwoch nach Ostern radeln wir zusammen mit seinem Bruder Stefan über die große Wiese in die neue Schule.

# Mein Traum

Ich gestaltete vor ungefähr einem Jahr ein Visions-Plakat für mich, da steht ganz groß drauf:
Ich habe einen Traum!

Ich war am Anfang erstaunt, da ich dachte, ich würde meinen Traum schon leben. Doch da ist noch einiges, was gelebt werden möchte. Ein Punkt ist, dass ich *Geh Dich Frei* in viele Lebens- und Arbeitswelten bringen möchte. Dazu braucht es Experten aus den entsprechenden Fachbereichen. Ich selbst bin und bleibe die Expertin für die Methode. Ich möchte *Geh Dich Frei* in andere Länder bringen, dazu braucht es Wege, die sich auftun.

Ich fühle das ungemeine Potenzial und die Kraft der Einfachheit, die dieser Methode innewohnen. Gehen kann das Leben leichter und sinnvoller machen. Die Abgründe des Lebens können flache Gruben werden. *Geh Dich Frei* macht alle Beteiligten um viele Erfahrungen reicher, dafür bin ich der Methode dankbar. Die Wahrheit auf eine leichte Form zu erfahren, das macht die *Magie des Gehens* aus.

Ich bin dankbar, dass ich das *Geh-Dich-Frei*-Institut leiten darf und durch meine Präsenz den Raum für die Ausdehnung der Methode halte. Ich freue mich auf alle kommenden Begegnungen und wünsche allen Anwendern viele Geh-Erfahrungen, die sie im Leben weiterbringen und wachsen lassen.

Von Herzen danke
*Regina Hauser*

# Anhang

## Danksagung

Ich danke meinen Eltern, meiner Oma, meinen Verwandten, meinen Kindern Laura, Sandra und Marlene und meinem Enkelsohn Jan. Wir hatten es als Familie mit unseren Schicksalsschlägen nicht immer leicht, aber wir haben alles großartig gemeistert und viele Erfahrungen gesammelt.

Ich wäre nicht an dieser Stelle in meinem Leben, gäbe es nicht die vielen Freundinnen, die Lebensabschnitte mit mir gegangen sind oder immer noch gehen. Dafür bin ich unendlich dankbar.

Ich danke an dieser Stelle jeder einzelnen Frau und jedem einzelnen Mann, die oder der die Methoden *Geh Dich Frei* und *WIYS* für das eigene Leben in Anspruch genommen hat oder die Ausbildung bei mir absolviert hat. Nur durch diese Menschen kann ich meine Berufung leben und immer weiter wachsen – danke von Herzen!

Ein besonderer Dank gilt meinen Lehrern und Lehrerinnen. Joseph Culp und John Cogswell haben *WIYS* entwickelt und es Christian Assel gelehrt. Ich durfte beide Versionen lernen, die von Christian Assel und die von Joseph Culp. Von John Cogswell habe ich viele Texte gelesen, ich kann seinen individuellen Zugang gut nachvollziehen. Ich habe meinen eigenen Stil entwickelt, damit wird das Gehen immer vielfältiger und breiter.

Besonders danke ich meiner Lehrerin Chameli Ardagh, mit ihr bin ich im Inneren reich geworden. Ich werde nie aufhören, in den Kreis der Frauen zu kommen und meinen Platz einzunehmen.

Danke an meine Lehrerin im Familienstellen, Dr. Heide Starflinger, viel Frieden ist dank Heide in meinem System eingezogen.

Ingrid Auer und ihre Essenzen begleiten mich schon seit Jahrzehnten, sie sind für mich sehr wertvolle Begleiter, die ich immer dabeihabe.

Kathleen McGowan und ihre Bücher sind ein Schlüssel für mich, um vieles von mir und meinem Leben besser verstehen zu können. Sie haben mich zur Magie der Labyrinthe und dadurch nach Lucca, Chartres und Montserrat geführt. Es ist eine Trilogie: *Das Magdalena-Evangelium, Das Jesus-Testament* und *Das Magdalena-Vermächtnis*.

Ich danke Silvia de Luca aus Pietrasanta für das Heim, das ihr Bed and Breakfast immer wieder für mich ist, und für all die schönen Stunden, die wir hier verbracht haben. Und ich danke Inger Sannes und ihrem Mann Magnus, dass sie mir ihr wunderbares Haus in Pietrasanta zum Schreiben zur Verfügung gestellt haben. Ein Haus in den Olivenhainen oberhalb der Toskana-Küste, das war ein Geschenk von unglaublichem Wert für mich.

Ich danke dem Glücksforscher und Emotionstrainer Manfred Rauchensteiner für die tiefe Freundschaft und Verbundenheit in unserem Zusammensein. Er hat mich so vieles gelehrt und mir viele neue Möglichkeiten im Leben gezeigt. Er hat dieses Buch als Erster korrigiert und mir Mut gegeben weiterzuschreiben. Sein eigenes Buch *Glücklich leben – Dein Herz weiß mehr als dein Verstand* kann ich aus tiefstem Herzen empfehlen.

Ich bedanke mich bei den Frauen und Männern, die *Geh Dich Frei* als zertifizierte Praktizierende anwenden und dabei helfen, diese Methode zu verbreiten. Danke für das Vertrauen und die Freude am Tun!

Last but not least möchte ich mich bei dir als Leser oder

Leserin dieses Buches für die Zeit, die du meinen Ausführungen geschenkt hast, bedanken. Ich freue mich, dass *Geh Dich Frei* dich angesprochen hat.

Danke!

## Beobachtungskatalog zur Supervision

Der Supervisionsfragekatalog ist eine Anregung für bereits ausgebildete Geherinnen, einzelne Sequenzen der Methode genau zu beobachten. Diese Beobachtungsaufgaben sind auf alle Beteiligten anzuwenden, d.h., es sollen die Leitung, die Gehenden und die Themensteller gleichermaßen auf die Katalogfragen hin beobachtet werden. Die Beobachtung schult den Fokus auf einzelne Sequenzen und trainiert somit die geteilte Wahrnehmung. Dies führt zu einem tieferen und differenzierten Einblick in die unterschiedlichen Ebenen der Methode. Anwender können mit zunehmender Erfahrung zusätzlich die Meta-Position einnehmen.

Einführung
- Wie genau und verständlich wird die Methode erklärt?
- Welche Art der Methodenerklärung wird angewandt?
- Ist die Methode bereits bekannt oder nicht?
- Was ist der Grund, warum *Geh Dich Frei* in Anspruch genommen wird?
- Wie wurde *Geh Dich Frei* gefunden?

Themenklärung
- Auf welche Weise wird das Thema geklärt – mittels Fragetechniken oder mittels Intuition und Wahrnehmung?
- Sind Leitung und Themensteller mit dem gewählten Thema zufrieden?

- Ist das Thema klar und für alle verständlich?

## Leitung
- Welchen Eindruck vermittelt die Leitung?
- Welche Führungsqualitäten sind erkennbar?
- Welche persönlichen, individuellen Persönlichkeitsmerkmale sind erkennbar?
- Welcher Leitungsstil wird praktiziert?
- Kann die Leitung sich von der Energie der Themen distanzieren und eigenständig agieren?
- Kann die Leitung den Raum für das Geschehen gut und professionell halten?
- Nimmt die Leitung ihre Rolle von außen gut sichtbar ein?
- Sind Körperreaktionen oder Reaktionen im Gesicht zu beobachten?
- Achtet die Leitung auf die Gehenden (die Stellvertreter)?

## Themenstellerin (Klientin)
- Ist die Themenstellerin klar in der Beschreibung ihres Themas?
- Sind Körperreaktionen oder Gesichtsveränderungen bei der Themenstellerin beobachtbar?
- Wie verändert sich die Körperhaltung?
- Sind Emotionen beobachtbar? Wenn ja, welche sind es und wie kommen sie zum Ausdruck?
- Was verändert sich bei der Themenstellerin während des Gehens?

## Ablauf des Gehens
- Welche Dynamik wird sichtbar?
- Wird interveniert?
- Werden Übungen sichtbar und erfahrbar?
- Gibt es nennenswerte Besonderheiten oder Unstimmigkeiten?

- Wurde durch das Gehen die Fragestellung beantwortet?
- Musste der Ablauf des Gehens unterbrochen werden?
- Wurde alles verstanden?
- Waren die Antworten für alle Beteiligten zufriedenstellend?

Struktur und Ansätze beim Gehen
- Welcher Ansatz wurde gewählt?
- Welches Ende wurde gewählt – lösungsorientiertes Ende oder prozessorientiertes Ende?
- Wurde in Sequenzen gegangen oder ein durchgängiger Ablauf gewählt?
- Wie viel Personen waren im Feld?
- War der Ansatz der offensichtlich dienlichste?
- Hätten andere Geh-Ansätze mehr Aussagekraft vermuten lassen?
- Welche Ansätze wären noch möglich gewesen?

Interpretation des Ergebnisses
- Wie wird das Ergebnis besprochen?
- Werden die Ebenen des Körperbewusstseins in die Nachbesprechung miteinbezogen?
- Halten sich die Leitung und der Klient an das, was im Gehen sichtbar geworden ist?
- Wird etwas interpretiert, und wenn ja, von wem?
- Werden die Gehenden (Stellvertreter) als Informationsquelle miteinbezogen oder nicht?
- Werden andere Erkenntnisse dem Ergebnis hinzugefügt?
- Bleibt etwas offen? Wirft z.B. das Ergebnis neue Fragen auf?

Nachbesprechung
- Wie wird mit dem Ergebnis umgegangen?
- Was wird vereinbart?

- Gibt es Übungen, die aus dem Gehen sichtbar geworden sind?
- Gibt es zusätzliche Interventionen?
- Gibt es Handlungsansätze für die Klientin?
- Sind die Antworten für den Klienten verständlich?
- Besteht Zufriedenheit mit dem Geh-Ergebnis?

Essenz des Gehens
- Was wurde deutlich als Essenz sichtbar und erkennbar?
- Auf welcher Körperbewusstseinsebene wurde die Essenz sichtbar?

## Fragenkatalog zum Analysieren der Bewusstseinsebenen

Die Ebenen des Körperbewusstseins sollen während aller Abläufe des Gehens miteinbezogen und von der Leitung beobachtet werden. Denn diese Beobachtungen sind eine weitere Antwort für die Klienten.
- Die *physische Ebene* beinhaltet alle körperlichen Beschwerden, Erkrankungen und Körperempfindungen. Körperliche Beschwerden sind alle Krankheiten, Symptome aller Art und Lebensumstände, die eine Auswirkung auf den Körper haben. Körperempfindungen sind z.B. Druck, Schwere, Schauer, Enge, Unwohlsein, Taubheit u.v.m.
- Die *mentale Ebene* umfasst unsere Gedanken und Glaubenssätze. Was denke ich zu einem Thema? Wie beurteile ich mein Leben und mein Umfeld? Was sind meine Glaubenssätze über mich?
- Die *emotionale Ebene* ist der gesamte Gefühlsbereich. Was fühle ich zu einem Thema? Welche Emotionen

fühle ich oft? Wie gehe ich mit Emotionen um? Ist es mir möglich, mir Gefühle zu erlauben? Wie ist meine Erziehung im Hinblick auf das Fühlen von Gefühlen?

Fragen dazu sind: Fühle ich mich verbunden oder abgeschnitten? Fühle ich mich inspiriert und kraftvoll? Fühle ich mich kraftlos und schwach, obwohl körperlich alles in Ordnung ist? Bin ich geerdet? Bin ich zentriert?

## Internetadressen

www.awakening-women.com – Chameli Ardagh, Frauenworkshops und Retreats weltweit und Online–Sadhanas.

www.emina7.com – Andrea Ilk, Emina, Seminare und Vorträge.

www.engelsymbole.at – Engelssymbole, energetisierte Karten und Symbole, Aura-Sprays und Bücher von Ingrid Auer.

http://www.gehdichfrei.com – Website des *Geh-Dich-Frei*-Instituts und mein Blog.

www.inger-sannes.se – Marmorskulpturen, die mich sehr begeistern, geschaffen mit viel Herz und Bewusstheit.

www.lestipe.it – Bed and Breakfast in Pietrasanta, Italien, ein empfehlenswerter Ort für einen Urlaub.

http://robert-betz.com – Robert Betz, Bücher, CDs, Vorträge.

www.starflinger.de – Heide Starflinger. Informationen und Ausbildung zum Familienstellen.

# Literaturverzeichnis

De Vries, Marja. *Nur der ganze Elefant ist die Wahrheit*. Rotona Verlag, 2014.

Grof, Stanislaf. *Impossible: Wenn Unglaubliches passiert: Das Abenteuer außergewöhnlicher Bewusstseinserfahrungen*. Köselverlag, 2008.

Grof, Stanislaf / Laszlo, Erwin / Russell, Peter. *Die Bewusstseins-Revolution*. Verlagsgruppe Bertelsmann, 1999.

McGowan, Kathleen. *Das Jesus Testament*. Bastei Lübbe, 2011.

Mahr, Albrecht. *Konfliktfelder – Wissende Felder*. Carl Auer Verlag, 2003.

Pribram, Karl. *Geschichte des ökonomischen Denkens*. C.H.Beck Verlag, 2. Auflage, 2017.

Preiml, Baldur / Dahlke, Rüdiger / Mühlbauer, Franz. *Die Säulen der Gesundheit. Körperintelligenz durch Bewegung, Ernährung und Entspannung*. Goldmann Verlag, 2001.

Rauchensteiner, Manfred. *Glücklich leben: Dein Herz weiß mehr als dein Verstand*. Wien: Goldegg Verlag, 2012.

Sheldrake, Rupert. *Der siebte Sinn des Menschen*. Berlin: Scherz Verlag, 2003.

Tolle, Eckart. *Jetzt! Die Kraft der Gegenwart*. Bielefeld: Kamphausen Verlag, 2000.

## Anmerkungen

1    de Vries, 2014: 58–61.
2    Sheldrake, 2003: S. 163.
3    McGowan, 2011: S. 223.
4    McGowan, 2011: S. 222.
5    Chameli Ardagh, Web: www.awakening-women.com.
6    de Vries: S.141–142.
7    Ingrid Auer, Buch und Kartenset: Engelsymbole. Web: www.engelsymbole.at.
8    Betz Robert. Web: http://robert-betz.com.